本书获得景德镇陶瓷大学教育教学改革研究课题"地方本科高校经管类专业校企协同人才培养体系的研究与实践——以景德镇陶瓷大学为例"（课题编号TDJG-23-Y40）资助

U0717438

经济管理学术文库·管理类

地方高校产学合作知识共享机制研究

Research on Knowledge Sharing Mechanism of
Industry-university Cooperation in Local Universities

李　婧／著

经济管理出版社
ECONOMY & MANAGEMENT PUBLISHING HOUSE

图书在版编目（CIP）数据

地方高校产学合作知识共享机制研究 ／ 李婧著.

北京 ：经济管理出版社，2024. -- ISBN 978-7-5243
-0034-2

Ⅰ. G649.21

中国国家版本馆 CIP 数据核字第 2024JB1021 号

组稿编辑：付姝怡
责任编辑：杨　雪
助理编辑：付姝怡
责任印制：张莉琼

出版发行：经济管理出版社
　　　　　（北京市海淀区北蜂窝 8 号中雅大厦 A 座 11 层　 100038）
网　　　址：www.E-mp.com.cn
电　　　话：(010) 51915602
印　　　刷：唐山玺诚印务有限公司
经　　　销：新华书店
开　　　本：720mm×1000mm/16
印　　　张：14.25
字　　　数：212 千字
版　　　次：2024 年 12 月第 1 版　　 2024 年 12 月第 1 次印刷
书　　　号：ISBN 978-7-5243-0034-2
定　　　价：88.00 元

目　录

第1章　绪论

世界正日益从传统的工业社会形态转向知识经济的信息社会形态。知识经济时代，高校和企业是最重要的两个知识生产和创新的组织，两者天生就具有很强的互补性。高等院校（以下简称高校）和企业作为研发（Research and Development，R&D）的两大核心主体，是国家经济发展和创新能力提高的关键核心主体，两者的高效合作将推进经济和社会不断地向更高级的形态演化和发展。知识经济时代，产学合作指的是高校和企业在知识生产和技术创新方面的分工合作、协调发展的一种经济社会行为。大量的国际和国内研究文献主流观点认为：产学合作的路径和模式主要包括委托研究、合作研究、技术转移、咨询、许可、衍生企业、人员交流、合作培养研究生等，高校和企业在很大程度上实现了知识互动、融合和创新。由于知识的分布具有不均衡性和碎片化倾向，共享知识成为进行知识创造和知识利用的必要前提和基本环节。高校与企业共享多样化知识对社会经济的发展无疑起到了巨大的推动作用，有助于高校和企业之间相互学习和协作，产生更具创新性的工作方法和解决问题的方式，为社会提供多样化和高质量的人才和产品，进而推动整个社会经济体系的高质量发展。因而，产学合作知识共享不仅是知识管理领域关注的核心议题，也成为组织管理研究的重要内容。

1.1　问题的提出

1.1.1　研究背景

知识经济是以知识生产和创新为主导的经济形态，企业和高校是经济系统中的两大核心主体，两者的合作对自主创新能力的提高和经济增长的贡献越来越重要。产学合作的本质是知识的生产、创新和应用，企业和高校作为异质性的知识型组织，天生就具有很强的合作动机。经济全球化、网络化和开放式合作创新时代对产学合作理论提出了新的要求，当前和今后一个时期是以中国式现代化全面推进强国建设、民族复兴伟业的关键时期，这更需要新的产学合作理论加以指导，对探索中国特色自主创新道路具有重大的理论和现实意义。具体来讲，本书的研究背景主要体现在以下四个方面：

（1）21 世纪高校和企业成为知识生产和创新的核心主体

不同的经济形态会有不同的核心战略资源。17～18 世纪的产业革命实现了经济结构由农业经济走向工业经济的伟大转变，20 世纪 70 年代以来高新技术产业的迅猛发展又促生了"后工业经济"（Toffler，1980）①。随着信息技术及其产业化的迅猛发展，促进了知识经济在全球范围内的兴起。经济合作与发展组织（OECD）在 1996 年出版了 *Knowledge-based Economy*，指出知识经济就是指建立在知识和信息的生产、分配和使用之上的经济，也称为以知识为基础的经济②。并指出知识经济具有四大特征：第一，科学和技术创新日益成为知识经济发展的核心驱动力；第二，人力资本的开发和

---

① Toffler A. The Third Wave ［M］. New York：Bantam Books，1980.

② OECD. Knowledge-based Economy ［M］. Paris：OECD Publications，1996.

技能培养日益成为知识经济发展的基础条件；第三，信息与通信技术（ICT）在知识经济发展中起着关键的纽带作用，几乎所有的经济活动都必须通过 ICT 来实现；第四，知识服务业在知识经济中占据了主导地位。20世纪80年代以来，知识在经济发展中的作用越来越突出，几乎渗透到了经济发展的每个要素和环节中，使全球经济发展的结构和模式发生了重大变革，主要表现为：一方面，经济竞争的核心要素转变为知识，知识在产品与服务中的含量不断提高，表明知识在经济发展中的价值已排在了生产要素的前列；另一方面，知识对全球产业的结构调整产生了巨大的推动作用，传统产业不断改造升级、新兴产业不断出现，表明人类进入了一个新的经济时代。美国经济学家罗默和卢卡斯提出了新经济增长理论，指出经济增长主要依赖于知识的生产、扩散和应用。罗默把知识积累看作经济增长的一个内生的独立因素，认为知识可以提高投资效益，知识积累是现代经济增长的源泉[1]。

知识经济的到来更加突出了高校和企业这两大知识生产和创新的主体的作用：高校主要生产学术知识，为社会和经济的发展创造和传播有用的知识；企业主要生产商业化知识，更多的是将知识转化为产品或服务，从而为生产力的发展作出更大的贡献。知识经济对传统经济模式提出了巨大的挑战，更重要的是为未来经济社会的发展提供了新的机遇，突出的表现是知识经济时代，各国均把科教纳入了国家的核心发展战略，这意味着创新成为知识经济发展的灵魂。各国都加大了对知识生产和创新的 R&D 投入，尤其是企业和高校对 R&D 的投入大幅度增加，这是知识经济时代的典型特征。

（2）产学合作知识共享是企业在不确定环境下保持创新的关键

改革开放40多年来，我国的经济、社会、科技与创新均快速发展，但依然存在着发展结构和模式上的突出矛盾：一方面，我国通过引进国外技

---

① Romer P M. The Origins of Endogenous Growth [J]. Journal of Economic Perspectives, 1994, 8 (1): 3-22.

术资源推动产业技术发展，加快了产业升级，经济发生了巨大的变革。另一方面，我国也经历着变革所带来的挑战。首先，近年来随着中国企业在国际竞争中的力量不断增强，使得企业获取国外核心技术越来越困难，用市场交换技术的策略也已经不再有效。其次，随着现代高新技术的兴起，以及这些技术的广泛渗透性，科学技术活动与经济活动之间的交互影响不断增强并出现了逐渐融合的趋势，知识经济的发展也使作为科学技术活动的产物——知识，成为企业、产业乃至国家竞争的战略性资源①。以知识创新和技术创新为代表的创新推动力对经济增长的贡献已经远远超过了传统经济要素。因此，经过40多年的经济快速成长，自主创新能力的构建与中国特色国家创新体系的建设已经成为我国经济发展过程中不可回避的战略性问题。

随着21世纪创新型经济的发展，创新进入了开放式和全球化时代。Chesbrough（2003）提出开放式创新模式，强调企业在技术创新过程中，应该同时利用内部和外部互补的创新资源实现创新，企业内部技术的商业化路径可以从内部进行，也可以通过外部途径实现，在创新链的各个阶段与多种合作伙伴多角度的动态的合作②。全球化的生产和贸易正以前所未有的速度增长，随之产生的是创新活动变得越来越全球化和开放化，这成为当今企业进行技术创新追求持续竞争力的有效途径。全球化和开放式的技术创新有利于企业在全球范围内有效获取所需资源。全球化中的开放式创新对高校参与全球竞争提出了新的要求，高校应该主动改变与产业合作的知识边界，为企业提供更广泛的知识和信息，促使企业构建自己的技术知识结构。全球化时代，企业和高校形成了协同、共生与发展的新局面，产业离不开高校、高校也离不开产业，产学合作成为一种新的创新模式。

企业和高校在创新活动中的合作问题一直被认为是造成研究开发边际化的关键问题。同企业与企业之间的合作创新比较而言，企业与高校之间

---

① 郭斌. 知识经济下产学合作的模式、机制与绩效评价 [M]. 北京：科学出版社，2007.

② Chesbrough H. Open Innovation：The New Imperative for Creating and Profiting from Technology [M]. Boston：Harvard Business School Press，2003.

存在着明显的知识互补性：首先，企业与高校之间的知识共享可以帮助企业降低交易成本，提高高校研发的效率。其次，高校与企业通过知识共享可以实质性地参与到社会的知识经济系统之中，这种合作共享不仅拓展了高校一直保持着的传统职能，延伸了高校的社会义务，更改变了高校自诞生以来一直处于边缘的单纯知识生产者的社会地位，使高校成为知识社会的"轴心知识型组织"[①]。

（3）在经济结构调整和产业升级的形态下，高等教育应与时俱进

为了促进高等教育适应和引领经济新常态下产业结构优化升级和经济社会发展，从 2013 年起，我国政府开始逐步推动地方高校转型。地方高校作为我国高等教育的重要组成部分，对促进我国高等教育大众化的持续深入发展、培养高层次应用型人才等方面发挥着重要作用。地方高校转型也是实现地方高校特色发展的必由之路。地方高校需要积极融入产业转型、升级和创新驱动发展，培养应用型人才，通过产学合作全面提高高校服务区域经济社会发展水平。

地方高校深化产学合作对我国人才培养、高等教育发展和产业结构优化升级意义重大，不仅有利于促进教育和产业的互动发展，而且有利于促进高校分级分类发展，拉近高等教育与经济社会发展的关系。然而，地方高校在产学合作的具体实施中，一方面缺乏动力，另一方面缺乏协同机制，以致高校与企业的合作举步维艰或者华而不实，比如面临企业参与度低、行业指导不到位等问题。

当今世界已经从传统的工业社会形态转向知识经济的信息社会形态，知识已经成为在各类组织中占主导地位的战略性资源要素。知识经济时代，地方高校与企业合作面临着更为复杂且多变的各类挑战，其条块分割的组织使不同部门的合作产生了内在依赖性。这种依赖性要求高校和企业之间必须通过相互学习和沟通、资源共享和支持建立协同联系，以提升地方高

---

① 孟丽菊，刘则渊．联盟还是殖民：大学与企业关系的双重视角 [J]．高等教育研究，2006，27（3）：47-52.

校与企业之间合作和整合能力。产学合作知识共享旨在通过促进信息和知识在高校和企业之间的扩散和共享，减少双方的矛盾和冲突，提高协同性。同时，推动高校与企业深层次的思想交流，产生更具创造性的合作方式与工作方法。因而，共享和整合地方高校与企业各自所拥有的多样化知识对于提升产学合作的协作能力变得日益重要。

（4）紧密的产学合作关系正在成为我国企业和高校共同发展的内在需求

在经济全球化和扩大开放的背景下，提高科技创新能力、加快突破发展瓶颈制约要充分发挥产学合作的强大动力。党的十八大以来，在以习近平同志为核心的党中央坚强领导下，我国科技事业实现历史性、整体性、格局性重大变化。时至今日，我国的技术创新已经不再是产业界的专利，学术界也成为技术创新和产品创新的重要力量。在科技强国的建设过程中，高校作为科技创新核心的作用越来越强，现今衡量高校科研产出的指标，已不再局限于研究生学位的授予数量和科学论文的发表数量，专利数量和孵化公司的数量正日益成为评价高校科研成效的重要方面，服务国家重大战略和服务社会经济的发展也已经成为高校的重要使命之一。2023 年，我国全社会研发经费超过 3.3 万亿元，研发投入强度达 2.64%，发明专利申请量、通过《专利合作条约》提交的国际专利申请量多年蝉联世界第一，高新技术的蓬勃发展，全球创新指数排名从 2012 年的第 34 位上升到 2023 年的第 12 位，进入创新型国家行列，走出了一条从人才强、科技强到产业强、经济强、国家强的发展道路[①]。坚持走中国特色自主创新道路，是建设科技强国的必由之路，继续加强具有中国特色的产学合作正是高校新职能发挥的重要渠道；在提高自主创新能力、建设科技强国的伟大战略中，高校通过产学合作可以充分地发挥自身的优势，还可以在这场伟大的战役中获得发展的巨大动力和源泉。

改革开放 40 多年来，我国的产学合作取得了重大的成就，主要表现为

---

① 中共科学技术部党组 . 勇担时代重任 加快建设科技强国 ［N］. 人民日报，2024-07-31.

企业的自主创新能力显著提高；高校科技论文、成果产出和技术转化的社会效益稳步提升，攻克了一批产业技术难题，支撑了产业的技术进步和优化升级。同时，在深化科技与经济体制改革，促进科技与经济紧密结合，推进高新技术产业化的过程中，高校与企业对产学合作的有效机制和组织模式进行了积极的探索，积累了大量宝贵的经验。近年来，高校的科学研究经费快速增长，根据《中国科技成果转化年度报告（高等院校与科研院所篇）》的数据，截至 2023 年底，高校与企业共建的研发机构、转移机构和转化服务平台数量达到 19574 家，这些平台在促进科技成果转移转化方面发挥了重要作用。2019～2023 年，高校科技成果转化的总合同金额从 1085.9 亿元增长到 2054.4 亿元。高校实施的转化项目数量也较快增长，以 6 种方式转化科技成果的总合同项目数，由 2019 年的 43.3 万项增长到 2023 年的 64.0 万项①。这些数字充分说明产学合作在促进产业结构调整和高新技术产业实现跨越式发展中发挥着越来越重要的作用，它已经成为推动企业自主创新的引擎，成为增强企业自主创新能力的关键。当前，紧密的产学合作关系正在成为我国企业和高校共同发展的内在需求；在此背景下，地方高校产学合作知识共享机制研究就显得极为必要。

1.1.2　研究问题

当前产学合作创新取得了初步成效，但是由于企业和高校的组织特性以及双方参与产学合作知识共享的目标的本质差异性，近年来我国产学合作知识共享的实际情况仍然不够理想。

地方高校深化产学合作知识共享，对我国的人才培养、企业创新、产业结构转型升级等方面意义重大，同时也有利于解决我国高等教育面临的就业难、发展同质化、科研成果转化动力不足以及疏离经济社会发展等问题。产学合作创新涉及面非常广，存在的问题也非常复杂，但是主要可以

---

① 刘垠，王春.《中国科技成果转化年度报告（高等院校与科研院所篇）》发布——成果转化总体活跃　金额项数不断增长［N］.科技日报，2024-09-10（2）.

归结为两类：一是环境和资源等内外部因素的制约导致的问题；二是参与主体共性和个性问题交织产生的合作机制方面的问题。具体表现为以下三个方面：

1.1.2.1　高校和企业的组织目标不同影响产学合作创新

产学合作双方的目标导向存在较大的差异，严重影响了产学合作创新。一方面，高校的绩效目标与企业不同，高校对教师的教学、科研管理、职称评定侧重绝对数量和过度的量化教学按课时考核，且重课堂教学，轻实践环节：科研将每年发表专著、论文数量、获得的各级奖励、申请多少纵向课题项目、拥有多少科研经费作为考核的依据并与收入挂钩，但没有给予应用研究应有的待遇；对于为企业方面作出的贡献考虑不够，甚至不予考虑。这对鼓励教师的创新、创业（即"双创"）教育激励不足。这种评价体系不利于教师潜心深入地开展研究，助长了浮躁和急功近利行为。另一方面，我国企业尚未真正成为技术创新的主体，在产学合作创新体系中也未真正起主导作用，有些企业决策者不想放过任何盈利机会，为获得近期经济利益，针对市场热点加大投资力度，而把技术创新放在极其次要的地位。再加上我国的科研成果与市场需求脱节现象依然存在，许多科技成果的技术价值高，而市场价值低，与企业实际需求相去甚远。在产学双方目标导向存在严重分歧的情况下，缺乏合作动力在所难免。

1.1.2.2　高校和企业知识合作的运行机制和路径模型的具体形态需要实证检验

在位处巴斯德象限的应用基础学科的产学合作中，高校出现了利用行业领先企业的知识反推学科发展的现象。产学研合作成功的标准是产学研各方创造知识的能力以及知识流动与扩散的能力。基于此，我们认为是组织知识的"异质""互补"导致了产学知识关系的新变化[①]。一方面，知识具有两大特性：显性知识和隐性知识。学科不同，知识的特性也不同，理

---

① 张学文. 基于知识的产学合作创新：边界与路径研究［D］. 浙江大学博士学位论文，2009.

科和工科知识是显性知识和隐性知识的典型代表，这两类知识对创新的作用存在明显的差异。不同类型的知识应该采取不同的创新模式。另一方面，高校和企业在不同的创新模式下有着不同的合作形态，传统的吸纳型模式下高校和企业在 R&D 和知识生产方面存在着严格的社会分工，两者之间的知识流动往往以知识互补为主。在交互式创新模式下，高校知识职能和企业 R&D 边界都发生了重大变化，高校和企业在传统 R&D 分工的基础上出现了新的演化态势：高校开始了应用导向性基础研究、应用研究以及产品开发；企业也出现了向基础研究迈进的趋势。这些都源自知识的交互原理，这种背景下企业和高校之间的知识流动则以知识交换为主。知识交换和知识互补的本质是什么？高校和企业知识合作的具体模式和表现形态有哪些？高校和企业产学合作知识流动的协同机制有哪些？这些理论问题还没有得到进一步的发展。总之，知识经济时代背景下，高校和企业这两个典型的异质性知识组织本身的特性、边界、协同机制发生了重大的变化，两者之间的合作也必然会发生相应的调整。传统的研究范式已不能适应新时代的需要，基于跨组织视角、侧重于知识生产和创新的新型产学合作理论正在成为学术界的热点和前沿问题。高校和企业新的组织特性、边界、协同机制等问题成为知识经济时代产学合作领域中极具理论价值和实践意义的课题。

1.1.2.3 产学合作知识共享机制需要充足的动力

地方高校深化产学合作知识共享，对我国人才培养、高等教育发展、企业创新、产业转型升级等方面意义重大，有利于解决我国高等教育面临的就业难、发展同质化、科研成果转化率不足和疏离经济社会发展等问题。从合作的角度看，地方高校深化产学合作实际上是一场涉及高校和企业的跨组织复杂合作行为，这些合作的主题是深化产学合作的动力，这些动力直接从源头上决定着地方高校产学合作的效果。动力是深化产学合作的"龙头"。尽管地方高校深化产学合作面临教育观念转变，以及教育经费投入、学科专业调整、师资队伍建设、人才培养模式改革、教学方式方法改革等，但动力问题才是地方高校深化产学合作的首要问题，充足的动力是地方高校深化产学合作、提高人才培养质量、促进高等教育发展和经济社会发展的关键，只有高校和企业有了足够的合作动力，产学合作才会有"源头活水"，然而，现实中内外部主体却不一定有足够的动力深化产教融合，造成地方高校产学合作举步维艰。针对以上现实矛盾，本书基于合作理论及其分析框架，力求探明地方高校产学合作的动力状态及不足原因，并提出相应的对策建议。

1.2 研究内容与研究方法

1.2.1 研究内容

1.2.1.1 研究思路

产学合作强调高校知识资源对企业创新的重要性，它不同于传统的强调纵向一体化内部严格控制的封闭式创新模式，也不同于以技术引进为主的模仿创新。鉴于产学合作创新的整个体系内容非常丰富，本书遵循理论检验型实证研究范式的基本思路：第一，根据现实现象或问题并结合文献综述提出研究问题，明确研究的意义；第二，选择合适的理论，建立理论分析框架；第三，基于理论框架分析形成研究假设；第四，根据研究假设进行研究设计与实施并验证研究假设，得出初步结论；第五，结合理论基础和实证研究，形成最终结论，据此提出对策建议。

1.2.1.2 研究框架

本书共分8章，主要内容安排如下：

第1章为绪论。本章主要介绍了研究背景、研究问题、研究内容、研究方法、研究意义以及创新点。

第 2 章为相关文献综述。本章系统梳理了知识共享、社会合作等领域的国内外文献，总结归纳了以往研究的主要成果，并对核心概念进行了界定。

第 3 章为理论基础与核心概念。本章对知识管理理论、交换理论和资源依赖理论进行了全面分析，并对核心概念进行了界定，为后面章节的写作和理论模型的构建奠定了坚实的理论基础。

第 4 章为产学合作知识共享的理念分析。本章首先厘清了高等教育与产业的关系，其次分别对高等教育领域和产业领域的知识共享进行了梳理与分析。

第 5 章为合作的动因、机制与产学合作的困境分析。本章从动因、机制、困境的种类以及走出困境的策略等方面对合作进行了深入的分析和探讨。

第 6 章为地方高校产学合作知识共享的影响因素研究。本章将制度因素、组织因素、信息技术环境因素等纳入一个整体的框架，构建了地方高校产学合作知识共享行为关系的理论模型，并提出了相应的研究假设，以问卷调查的数据为基础，运用回归分析和路径分析的方法进行实证检验，进而分析上述多维因素对高校与企业之间知识共享行为的影响。

第 7 章为地方高校产学合作知识共享的机制建设与推进策略。本章综合之前实证分析的结果，提出构建和优化地方高校产学合作知识共享的组织协同机制、数据化治理机制、文化培育机制、利益分配和激励约束机制，构建具有中国特色的产学合作促进法。

第 8 章为研究结论与展望，本章对全书主要研究结论进行了概括，探讨了研究的局限性和进一步研究的方向。

1.2.2　研究方法

本书运用知识管理、社会交换及资源依赖等相关理论，注重理论结合实际，将规范研究与实证研究、定性分析与定量分析等方法有机结合。下面介绍本书三种主要的研究方法：

一是定性分析与定量分析相结合。本书对地方高校产学合作知识共享的研究内容，不仅做了定性的分析，而且借助了模型与定量的方法，力争做到在定性分析的基础上吸取定量分析的优势，将两者有机结合起来。

二是文献分析法与规范分析法。本书通过图书馆、互联网等工具广泛地搜索知识视角下产学合作的大量相关研究资料，包括期刊文章、学术著作、研究报告、会议论文、学位论文等，进行归纳、整理、提炼，在此基础上缜密思考，并与专家学者多次交流，从而框定研究主题、选定研究范围，提出具有概括性原理的研究命题。

三是问卷调查法。本书运用学术性数据调查方法来收集关于产学合作知识共享要素的相关信息，构建相关概念模型与研究假设，在对数据进行科学收集、检验与分析的基础上，得出影响产学合作知识共享的协同机制。

1.3 研究意义与创新点

1.3.1 研究意义

高校不仅具有人才培养和科学研究的功能，而且具有社会服务的功能。知识经济时代，高校应当在国家创新体系建设中承担起更多的责任。本书聚焦高校和企业知识共享议题，从理论和实践两个方面对地方高校产学合作知识共享的影响因素和优化机制等问题进行系统的考察，具有重要的理论价值和现实意义。

1.3.1.1 理论意义

目前，关注知识共享的研究多集中于企业与企业之间、团队与团队之间、教师与教师之间，或者是高校与企业之间，对于地方高校的产学合作知识共享研究的关注较少。本书紧紧围绕地方高校产学合作知识共享这一主题，将知识管理理论、社会交换理论、资源依赖理论纳入研究框架体系内，在全面分析地方高校产学合作知识共享影响因素的基础上提出产学合作知识共享机制建设，弥补了产学合作模式下地方高校与企业知识共享研究的不足，丰富了地方高校与企业之间知识共享和管理理论，为加强其知识共享管理和知识共享建设提供了理论指导。

1.3.1.2 实践意义

本书的实践意义在于能够为高校管理者和企业管理者设计恰当的、能够有效促进双方基于知识共享合作的策略及系统的理论指导。高校是典型的知识密集型组织，而企业是技术密集型组织，但研究表明双方知识共享并不会自动发生。基于此，一方面，通过研究产学合作知识共享能够有效地帮助双方实现知识结构的优势互补、充分发挥科技资源的知识效能，提高知识成果的市场转化率和促进科技知识的经济价值实现；对如何帮助企业尽快成为技术创新主体，从而更为充分地发挥企业在国家创新体系中的知识供给者和应用者的作用，具有重要的理论意义和实践意义。另一方面，如何发挥地方高校在人才及科研成果上的优势，有效地服务于国家自主创新战略，这对于加快地方高校科研成果产业化的进程与速度、提升创新能力与人才培养质量、弥补知识创新研发资金的不足具有十分重要的实践意义。

1.3.2 创新点

本书的创新之处主要有以下两点：

1.3.2.1 研究视角的创新

从产学合作的角度，我国的产学合作创新研究主要集中于宏观视角和微观视角。基于国家创新系统等宏观视角的研究，由于忽略了地区发展的差异性，会得出一般性或通用的政策建议，所以解决问题的针对性稍差。基于企业微观角度的分析，对于产学合作创新项目的管理非常具有实际意义，但是对于高校与企业合作的协同机制制定的指导意义，会由于太个体化而丧失了普遍性。从知识共享的角度，目前大部分的知识共享主要聚焦于企业与企业之间、团队与团队之间或者高校教师之间，而很少有研究关注到地方高校与企业之间的产学合作知识共享，因此本书以地方高校与企业的产学合作知识共享的视角作为研究角度，可能会成为创新点。

1.3.2.2　研究内容的创新

我国产学合作创新主要局限在战略和组织管理、动力机制、合作障碍等问题，而国外学者对产学合作创新的研究主要集中在创业型高校理论、创新系统理论和知识管理理论等研究视角。国外的研究主要基于发达国家成熟的管理运行体系和机制，以及发达国家高校的研究实力和企业相应的发展需求等具体情况，这对我国的产学合作创新指导意义非常有限。本书通过研究发现地方高校与企业双方以知识要素共享为主要形式，对社会交换理论和资源依赖理论在产学合作领域的发展，可能是一个创新点。

第2章　相关文献综述

2.1　知识共享的相关研究评述

2.1.1　知识共享的内涵

知识伴随着人类社会的发展，在不同的生产力和技术水平条件下，人类获得知识的内容和途径也有所不同，知识在不同的时期对人类社会生活的影响也有差异。社会发展至今，人们不仅重视知识，而且强调知识分享，即"知识就是力量"已经发展成为"知识+共享就是力量"[①]。知识经济提高了知识对社会生产的增值作用，同时扩大了社会生活和市场活动对知识的需要，而共享经济则构建出一种全新的商业活动模式，当知识也被纳入这种全新的模式之中，知识共享也就顺理成章了。

知识共享是管理学科，特别是知识管理方面的重要研究对象。学者们依据自身研究背景、角度的不同，对知识共享的内涵解释也有所不同。有关知识共享的内涵并没有统一的观点，富立友博士整理的不同学者对知识

---

① 岳丹桂. 教师知识共享影响因素研究［D］. 东北师范大学硕士学位论文，2015.

共享的内涵①的观点，以及本书整理的部分学者观点，如表2-1所示。

表2-1　一些专家学者对于知识共享内涵的观点

学者	观点
Musen	知识库系统中的数据、语言、文字、符号、图像传达意义与信念，是知识共享的重要工具；组织只有通过知识库的建立，才能对组织知识共享效能有加乘的效益
野中郁次郎和竹内弘高	知识共享是个人与个人之间、默会知识与明晰知识互动的过程，知识转化有外在化、内在化、结合化、共同化四种模型，知识创新即为知识互动的结果
Quinn 等	同有形资产相比智能资产经使用后价值更高，若提供适当的激励，知识与智能经过共享后，价值可以指数方式增长
Hidding 和 Catterall	知识如果不能与他人共享，就无法发挥作用，就会失去价值性，只有将自己的知识与他人共享和应用，才能为组织创造更高的价值
Senge	真正的知识共享并不是取得的动作，而是学习、让他人"获得有效行动力的过程"。知识共享需要通过互动，才能成功地将知识转移给他人，形成他人的行动能力
Wijnhoven	知识共享是一种通过信息媒介进行的知识转移，是知识接收者通过已知的知识对新知识进行阐释或两者彼此互动的过程
Hendriks	知识共享是一种沟通的过程，知识共享包括知识拥有者与知识需求者两个主体
Bartol 和 Srivastava	知识共享是个体与他人共享组织的相关信息、观点、建议和专长
Konnelly 和 Kelloway	知识共享是一种与信息交换和帮助他人有关的行为
Hooff 和 Ridder	知识共享是包含员工之间的知识交换和创造新知识两个部分的过程

有学者将所有知识共享的定义分为效果观和过程观两类，效果观强调知识共享产生的作用和效果，而过程观认为知识共享是一个过程，重在通过分析知识共享的过程来构建模型②。在表2-1中，野中郁次郎和竹内弘高、Senge、Wijnhoven、Hendriks、Hooff 和 Ridder 等学者的观点倾向于过程观，特别是野中郁次郎和竹内弘高的观点已将知识共享过程进一步细化为五个阶段；

① 富立友．基于知识共享的组织文化研究［D］．复旦大学博士学位论文，2005.
② 史江涛．员工关系、沟通对其知识共享与知识整合作用的机制研究［D］．浙江大学博士学位论文，2007.

Musen、Quinn 等、Hidding 和 Catterall、Bartol 和 Srivastava、Konnelly 和 Kelloway 等学者的观点属于典型的效果观。

除此之外，也有学者以"共享"一词的内涵为分析依据，将知识共享分为四类①：一是沟通学说，认为知识共享是知识拥有者与知识需求者双方之间往来的沟通活动。二是共有学说，认为知识共享是指知识所有者与他人分享自己的知识，使知识从个体拥有转变为群体拥有的过程；同时在知识共享的过程中，知识拥有方和知识需求方可以共同拥有共享的知识。三是转移与学习学说，认为知识共享是知识的转移和知识的解释。该观点还认为，不同主体之间高效有序的知识转移，是知识共享得以顺利进行的重要保障。四是行为学说，该学说将知识共享定义为一种通过交换信息来辅助他人的行为。

2.1.2 知识共享的测量

对于知识共享的测量，本书从共享的方向、共享的过程和共享的知识类型等角度，根据不同学者的观点，基于不同测量重点对知识共享的测量维度进行了划分，见表 2-2。

表 2-2 一些专家学者对于知识共享的测量

学者	观点
Hooff 和 Ridder	按照知识获取和知识输出两个知识共享的方向对知识共享行为进行了划分。其中，知识获取是指知识的接收者获取他人的知识；知识输出是指知识拥有者将自身拥有的知识传递给他人
Bock 等	根据显性知识和隐性知识，将知识共享划分为显性和隐性两个维度进行度量
沈其泰等	依据知识共享的成效，将其划分为共享深入性、共享广泛性和共享时效性等三个维度
Chen Barnes	将知识共享分为与战略合作伙伴的知识共享、与顾客的知识共享、企业内部知识共享和知识共享信息技术的使用等四个维度

不同的观点体现的是不同学说的特点，而不同学说的产生则是因为关

---

① 安世虎. 组织内部知识共享研究 [D]. 天津大学博士学位论文，2005.

注的侧重点不同，这些学说虽然都有其内在的合理性，但难免也会存在自身的局限性。例如 Hooff 和 Ridder 提出在知识共享行为中存在知识接收者和知识拥有者两个角色，但是在现实的知识共享中，往往一个个体或者组织既是知识的接收者，也是知识的拥有者。

在共享经济背景下，知识共享再度被人们所关注，并迎来了新的发展势头。首先，这种新的势头体现在知识共享在知识管理中的地位不断提升，早期的知识管理研究重点为知识的创新，而现在则更加重视知识共享；其次，随着知识管理的扩展，知识共享的范围也逐渐从企业发展到政府、高校、科研机构以及其他非营利性机构。由此可见，知识共享已经成为一种知识型组织的发展趋势，而且将对整个知识经济的商业运作模式产生革命性的影响。

2.2 社会合作的相关研究评述

2.2.1 社会合作的界定

"合作"通常被理解为两者合在一起，让彼此都达到相对更好的一种效果。《现代汉语词典》中将"合作"解释为相互配合做某事或共同完成某项任务。《现代汉语规范词典》中将"合作"阐释为互相配合。《中国百科大辞典》则将"合作"视为社会的互动形式之一，认为合作是人与人之间为达到共同目标，相互配合、协作的联合行动，可使双方获得有利的结果。英文中通常将"合作"翻译成"cooperate""collaborate""consociate"。在《牛津高阶英汉双解词典中》"cooperate"的解释其一是"work or act together with another or others"，多指与他人的合作；其二是"be helpful by doing what somebody asks you to do"，指配合、协助的意思，它的名词形式是"cooperation""collaborate"的解释是"work together"，倾向于创造或生产某事物，它的名词形式是"collaboration"。"consociate"主要是指结盟、联合，它的名词形式是"consociation"。

社会合作是指多个个人或多个集团通过行为调适以达到共同目标的互动过程和关系，它是社会分工日趋复杂、人群出现分化和对立的历史条件下必然出现的结果，强调的是组织之间（或管理者之间）的合作共赢。社会合作的理论基础可以追溯到北美地区关于战略伙伴、共同利益、双赢行为等理论，这些理论都说明了如何通过合作建立一个高绩效的工作体系。

2.2.2　社会合作的相关研究评述

2.2.2.1　社会合作机理

从现实社会生活出发，如果要对伦理进行简单区分，无非是利己主义伦理和利他主义伦理两种类型。前者可分为正当利己主义和损人利己主义；后者可分为有意利他主义和无意利他主义。在我们固有的伦理思维中，也许利己主义与利他主义是不可调和的，似乎利己必然要以损人为代价。如果真是如此，就必然从道德心理和社会制度上进行双重审视，要么是私心太重，要么是社会资源严重匮乏并且分配不公。所以，我们不能仅局限于指责人的自私，而是要尽最大可能使个体利益与群体利益一致，尽量避免"利己一定要通过损人来实现"，而是要"人己皆利"[①]。爱弥尔·涂尔干（2020）在谈到社会分工问题时，抨击了流行的利己主义，着重强调了利他主义对社会的意义，他主张"利他主义注定不会成为我们社会生活的一种装饰，相反，它恰恰是社会生活的根本基础"[②]。人是具有类本质的存在，人与动物的区别在于分工劳动以及基于分工的合作，因此共同生活的人类势必会相互影响、相互妥协甚至为集体利益而牺牲。严格来说，任何一个人都不能自给自足，他所需要的一切都来自社会，他也必须为社会而劳动[③]。个人和社会的关系随着人口的增加而变得越来越紧密，社会紧密程度

---

① 李建华，刘树源. 分工与合作：源起性社会伦理的生成 [J]. 社会科学战线，2024（3）：13.
②③ 爱弥尔·涂尔干. 涂尔干文集（第 1 卷）[M]. 渠敬东，译. 北京：商务印书馆，2020.

的增加不仅意味着频繁合作，还意味着竞争的加剧和失范。当个体对自身利益的追求将损害整体的利益时，合作的根本问题就出现了。

合作的伦理有利于克服纯粹利己主义和利他主义的各自弊端。利己主义是个人把自己的最大幸福当作其行为的终极目的。亨利·西季威克（1993）认为：当一个人基于利己主义原则或其他原则致力于使他的行动系统化时，除了纯粹的快乐欲望之外，他总是意识到自身中的大量不同冲动与倾向①。利他主义则认为，任何行为只要目的是利己的便是不道德的，从而把无私利他奉为唯一的道德原则。只有人己皆利的伦理是对利己主义和利他主义的调和。首先，在利己害他、害己利他、害人害己、人己皆利的逻辑矩阵中，人己皆利的后果一定优于其他三者，真正符合博弈的共赢原则。其次，在一个以利己主义为主导的社会中，人们可能会为了争夺有限的资源而相互竞争，甚至产生冲突。人己皆利的观念则鼓励人们在考虑自身利益的同时也关注他人的需求，通过合作来实现共赢。这种观念增进了人与人之间的信任和友谊，为社会的和谐稳定提供了有力支撑。

伦理学作为"第一哲学"② 不能只提供简单的社会伦理标准草草了事，而是要进入具体、生动的现实生活。社会现实生活给我们的基本告诫是：社会合作基本上是属于一种"社会博弈"，于是在社会合作的具体细节上，经济学、政治学、管理学、人类学的研究比伦理学要细致得多，进入了实验科学的具体层面。如美国著名的行为分析与博弈论专家阿克塞尔罗德（Robert Axelrod）教授立足于重复囚徒困境博弈实验，提出了合作的复杂性理论。他在《合作的进化》与《合作的复杂性》两本书中，提出了人类群体是如何达成合作的基本思路，给人启发良多。立足于"合作是人类文明的基础"这一前提，我们无法回避的最大问题是：人类合作能否从有着自

---

① 亨利·西季威克. 伦理学方法［M］. 廖申白，译，北京：商务印书馆，1993.

② 伦理学作为"第一哲学"：在西方哲学中，第一哲学的概念源于古代的亚里士多德，并一直贯穿于笛卡尔、康德、黑格尔和胡塞尔的哲学理念之中。亚里士多德在《形而上学》中区分了沉思的、实践的和技艺的三种知识，而沉思的知识又分为物理的、数学的和本体论的，而探究"存在之为存在"的本体论，亚里士多德将之称为第一哲学。

己利益最大化推理逻辑的行动者的行为互动中自发产生？或更直接一点说，人们到底如何跳出这处处存在且没完没了的"囚徒困境"的迷局？① 可以说，自从有了人类社会，如何克服个体短期的眼前私利而通过合作让人类的社会福祉整体最大化一直是一个问题。霍布斯提出必须要有一个"利维坦"（强权政府）的机构，否则人类合作将不可能；卢梭则认为可以在社会交往中形成所谓"公意"，并在此基础上达成某种契约，这样就可以达成社会合作。霍布斯和卢梭虽然出发点不同，但殊途同归，因为卢梭的"社会公意"也需要公民强制服从，表面上的人人自愿合作演变为以"社会公意"为名的社会强制，实际上社会合作就体现为社会群体利益对个体利益的限制性剥夺，难以实现人与人之间的利益均衡，不可能是人己皆利。

哈耶克（2000）的观点超越了个体与社会的关系，具体深究到个体与个体之间合作的原初发生机制和维系机理问题，也就是他所关心的人类合作的扩展秩序的外部条件和社会机制问题。这个外部条件就是基于自由的财产观念，机制就是法律。尽管这些条件的形成那么缓慢并遭受诸多阻碍，但是"有秩序有合作毕竟在不断扩展，普遍的、无目标的抽象行为规则，取代了共同的具体目标"②。要想保证个人之间的友好合作，政府必须维护公正，但如果不承认财产私有，就没有公正可言。美国经济学家曼瑟尔·奥尔森（2004）试图用"集体行动的逻辑"来理解霍布斯和卢梭提出的问题，认为个体都是自利的，人人都想分享集体行动的成果，但不愿意分担集体行动的成本，这就使人类利益博弈中众人的"合作选择"难以成为可能，于是还需要一个集体权力来强制维护集体的共同利益，因此利益相容的集体容易合作，但是，一个集团（集体）的行为是排外的还是相容的，取决于集团（集体）寻求的目标的本质，而不是成员的任何性质③。也就是

---

① 罗伯特·阿克塞尔罗德. 合作的复杂性［M］. 梁捷，高笑梅，等译. 上海：上海人民出版社，2017.
② 哈耶克. 致命的自负［M］. 冯克利，胡晋华，等译. 北京：中国社会科学出版社，2000.
③ 曼瑟尔·奥尔森. 集体行动的逻辑［M］. 陈郁，郭宇峰，李崇新，译. 上海：上海三联书店，2004.

说社会合作与个体关联度不大。其实，人类合作之必要和可能远不仅是政治学家眼中的政治制度问题，大到国际社会，小到夫妻之道，似乎充满着囚徒困境博弈的合作选择，如果没有对单次或重复博弈均衡选择的超越，就没有人与人的合作，甚至就没有人类的文明社会①。所以，合作与其说是理论问题，不如说是如何选择的现实问题，因为它既涉及人类社群组织和社会政治的深层发生机制和原理，也牵涉个人层面的道德标准和个体选择的优化问题。罗伯特·阿克塞尔罗德（2017）在 20 世纪 80 年代连续进行了三次"囚徒困境重复博弈计算程序奥林匹克竞赛"，试图对这个复杂问题进行简单化处理，有以下发现：第一，善良的策略总不会被首先背叛；第二，友谊对基于回报的合作的产生并不是必要的；第三，合作的基础不是真正的信任，而是寻求关系的可持续②。当然，这种仅仅从成本—收益和博弈支付最大化来模型化的道德与社会伦理文化，本身是值得怀疑的，但它的实验也给道德哲学和伦理学提供了启示，即令以往我们很模糊化的"善有善报，恶有恶报"的朴素观念有了精确数据的证明。通过一种有限的实证方法得出了一个普遍的大道理：只有出于善意，真正的合作才有可能，特别是长久的合作而非短暂交易。而人己皆利就是一种最基本的"现实善"，既非现实生活中不存在的"圣善"，更不是出于行为装饰的"伪善"，而是并非出于计算的切实互利。实现人己皆利就需要建立合作行动的规则。

那么，在人人都有自私动机的情况下，社会合作如何可能呢？罗伯特·阿克塞尔罗德在《合作的进化》中认为，这是一个"囚徒困境"问题，"一报还一报"是基本模态，这样可以在没有集权的自私自利世界中产生合作。这种合作的进化可以分为三个阶段：一是起始阶段，合作可以在一个无条件背叛的世界里产生；二是中间阶段，基于回报的策略能够在许多不同的策略组成的环境里成长起来；三是最后阶段，基于回报的合作一旦建立起来，就能防止其他不合作的策略的侵入。因此，社会合作进化的齿轮

---

①② 罗伯特·阿克塞尔罗德. 合作的复杂性 [M]. 梁捷，高笑梅，等译. 上海：上海人民出版社，2017.

是不可逆转的①。特别是张康之（2020）提出的"在全球化、后工业化进程中，社会活动将主要以合作行动的形式出现，社会治理体系也将转化为合作行动体系。在合作行动中，行动者不应被动地接受规则的规范，而是应当主动地超越规则要求"②。规则被超越，一般有两个原因：一是规则可能滞后于现实生活，当新规则还没有产生时，旧规则就可能被超越，形成新的行为模式，为新规则的产生提供前提；二是规则本质具有灵活性和广泛的适应性，特别是当合作行动在高度复杂和高度不确定的情况下，它必然要求规则也具有一定的灵活性和更富弹性的解释空间，这样在合作中行动者可以自己选择规则。当然，这种对规则的超越并不是合作本身的要求，而是体现合作的自主性及对合作双方彼此的尊重。在传统社会治理模式下，合作的规则是外在于合作本身的，选择合作就是先选择合作规则；而在现代社会治理模式下，合作则表现为对规则的选择和遵守同时进行，其中不但有充分的对话沟通机制，而且均出自人己皆利的价值立场，否则会各自强调对自己有利的规则而导致合作失败。与此同时，在当代合作行动体系中，既有政府机构，也有非政府组织，特别是大量的慈善机构和志愿者组织，如果各自都能在合作体系中各得其所，就是一幅社会大团结的伦理景象。

2.2.2.2　社会合作的成功原则

在实践中，社会合作提供了一个清晰的工作场所理念，合作双方为了实现共同的目标而在一起工作（比如公平和竞争力）。在相关的实证研究中，不同机构和研究者得出了一些社会合作的成功原则。

Guest 和 Peccei（1998）认为，成功的合作要求"在组织和个体之间形成一套互惠性的承诺和责任"。这些原则和承诺包括：对组织成功的承诺、分享成功、雇佣保障、雇员发言权、培训开发、弹性等，在关键的合作关

---

① 罗伯特·阿克塞尔罗德. 合作的复杂性［M］. 梁捷，高笑梅，等译. 上海：上海人民出版社，2017.

② 张康之. 社会治理的经络［M］. 北京：社会科学文献出版社，2020.

系协定的制度构造和发起中起到了重要作用。在英国，对社会合作最为系统的描述来自 IPA① 和 TUC②。IPA 极力推动应采纳的合作的四个关键性基础原则：安全和弹性；财务成果的分享；形成好的沟通和磋商机制；代表制和员工发言权。合作是建立在双方都愿意承诺为组织的成功发展而做出努力的基础上的，它意味着一种双方互惠互利的模式，即个体能够从集体代表中获利，而组织的利益也能从这种关系带来的价值增加中得到提升。TUC 在 1999 年确定了成功合作的六个核心：一是对企业成功的承诺，有效的合作将存在于双方都理解的组织战略中，并且都愿意为组织的成功付出努力。二是明确各自的合法权益，需要在一种相互信任的氛围中通过一系列的特殊安排来解决权益的冲突。三是合作必须包括安全性和灵活性。四是关注工作生活质量，合作应当为双方员工参与制定影响他们工作生活以及改善工作条件的决策提供机会。五是透明和信息共享，合作应该建立在透明和信息共享的基础上，双方多进行有意义的磋商，培养相互信任的合作氛围。六是共同收益和增加价值，有效的合作将改善组织绩效、工作条款和条件，增加员工参与度，提高员工获得感。

---

① IPA 是 Involvement and Participation 的缩写，即介入和参与协会，是英国著名的人事研究机构。
② TUC 是 Trades Union Congress 的简写，即工会联合会，是英国工会运动的代表性团体。

第3章 理论基础与核心概念

3.1 知识管理理论

知识在人类社会的发展进程中扮演着重要的角色。1996年，经济合作与发展组织发表了著名的报告《以知识为基础的经济》，在报告中正式提出"知识经济"的概念，并将其定义为是建立在知识的生产、分配和消费之上的经济形态[①]。这个概念的出现标志着知识在现代社会经济中的地位越发重要，同时标志着知识经济成为了一种新的经济形态。

信息技术的发展极大地改变了人们的生活、工作和组织方式，促进了社会形态的变革，也为知识市场和知识社会提供了发展的可能。计算机和互联网的空前发展推动了知识的传播与分享，而这又成为知识社会形成的重要基础。就目前而言，我们认为知识社会已经到来。在知识社会中，"知识"已经超越了土地、资本和劳动，成为最大的生产要素；同时知识是一种重要的竞争性资源，引发社会各个领域的更多变革，这进一步强化了知识在社会经济活动中的地位。正因为如此，近年来，知识管理也成为管理

---

① 石艳. 教师知识共享的混合研究［M］. 北京：中国社会科学出版社，2020.

学领域研究的新思潮。

3.1.1 知识管理的定义

近年来，在经济社会活动中，"知识"一词出现的频率越来越高。人类已经进入了知识经济社会。研究知识管理理论必须从研究知识本身的概念入手，对知识本身的研究，是知识管理理论的基础性研究内容。我国传统文化中早已出现了"知识"的概念。《论语》中"知"出现过116次；王充《论衡》中讲到"知为力"，这是人类第一次明确指出"知识就是力量"。目前世界上共有上百种知识管理的定义，根据左美云等对知识管理定义的梳理，具有代表性的定义见表3-1①。

表3-1 知识管理的定义

学者	年份	知识管理的定义
巴斯（Bassi）	1997	知识管理是指为了增强组织的绩效而创造、获取和使用知识的过程
奎达斯等（P. Quitas）	1997	知识管理是一个管理各种知识的连续过程，目的是满足现在和将来出现的各种需要，识别和探索现有已获得的知识资产，开发新的机会
维格（K. Wiig）	1997	知识管理主要涉及四个方面：自上而下地监测、推动与知识有关的活动；创造和维护知识基础设施；更新组织和转化知识资产；使用知识以提高其价值
艾莉（Verna Allee）	1998	对知识管理的定义是"帮助人们对拥有的知识进行反思，帮助和发展支持人们进行知识交流的技术，并帮助人们获得知识来源，促进他们之间进行知识的交流"
法拉普罗（Carl Frappuolo）	1996	"知识管理就是运用集体的智慧提高应变和创新能力。"知识管理应有外部化、内部化、中介化和认知化四种功能。外部化是指从外部获取知识并按一定分类进行组织；内部化是指知识的转移，即从外部知识库中筛选、提取人们想得到的与特定用户有关的知识；中介化是指为知识寻找者找到知识的最佳来源；认知化则是将以上三种功能获得的知识加以应用的过程

---

① 左美云，许珂，陈禹. 企业知识管理的内容框架研究［J］. 中国人民大学学报，2003（5）：69-70.

学者	年份	知识管理的定义
马斯（E. Maise）	1998	知识管理是一个系统地发现、选择、组织、过滤和表述信息的过程，目的是改善雇员对特定问题的理解
戴布拉·艾米顿（Debra M. Amidon）	1998	知识管理无孔不入。无论它以什么形式定义——比如学习、智力资本、知识资产、智能、诀窍、洞察力或智慧，结论都是一样的：要么更好地管理它，要么衰亡
达文波特（T. H. Davenport）	1998	知识管理真正的显著方面分为两个重要类别：知识的创造和知识的利用
比尔·盖茨（Bill Gates）	1998	在《未来时速》中多次提到知识管理是一个总的概念——收集和组织信息、把信息传播给需要它的人、不断地通过分析和合作来优化信息——知识管理学是很有用的。但是就像它之前的添加再设计（指破折号里的解释——作者注）一样，知识管理学变得歧义百出，任何人想给它添加上什么意义都可以。假如新闻记者跟一家数据库公司交谈的话，就会发现知识管理是数据库中最新的事物。假如记者跟一家群件公司交谈的话，就会发现知识管理的意思是下一代群件。知识管理是个手段，不是目的
莲花（Lotus）公司	1998	在 1998 年 1 月发表的《Lotus、IBM 和知识管理》战略白皮书中，把创新、反应能力、生产率和技能素质作为特定商业目标和知识管理的基本内涵，以帮助公司自身适应知识管理的活动要求
美国生产力和质量中心（APQC）		知识管理应该是一种组织有意识采取的战略，它保证能够在最需要的时间将最需要的知识传送给最需要的人。这样可以帮助人们共享信息，进而将之通过不同的方式付诸实践，最终达到提高组织业绩的目的
乌家培	1998 1999	"信息管理是知识管理的基础，知识管理是信息管理的延伸与发展"。"信息管理经历了文献管理、计算机管理、信息资源管理、竞争性情报管理，演进到知识管理。知识管理是信息管理发展的新阶层，它同信息管理以往各阶段不一样，要求把信息与信息、信息与活动、信息与人联结起来，在人际交流的互动过程中，通过信息与知识（除显性知识外还包括隐性知识）的共享，运用群体的智慧进行创新，以赢得竞争优势"。"对于知识管理的研究，最宽的理解认为，知识管理就是知识时代的管理；最窄的理解则认为，知识管理只是对知识资产（或智力资本）的管理。介于上述理解之间的认识，又有两种：一种是对知识的管理，另一种是用知识来管理。尽管理解不同，但是对知识作为一种重要生产要素加以管理的认识却是相同的，对知识管理日趋重要的认识也是一致的"

学者	年份	知识管理的定义
国内媒体		知识管理就是对一个企业集体的知识与技能的捕获，然后将这些知识与技能分布到能够帮助企业实现最大产出的任何地方的过程。知识管理的目标就是力图将最恰当的知识在最恰当的时间传递给最恰当的人，以便使他们能够作出最好的决策

左美云等学者依据不同学者对知识管理概念界定的视角，将其归结为三个学派：行为学派、技术学派和综合学派。

行为学派：知识管理中行为学派的主要观点表现在知识管理对企业中人员的管理及支配。行为学派学者的主要研究对象是个体人员技能及对其技能的评估，他们认为：知识其实就是一个"过程"，是对个人技能不断完善提高的动态变化体现。

技术学派：知识管理中的主要观点是知识管理即信息管理，主要从信息管理系统、人工智能等方面进行研究。他们认为：知识无非就是"个体"，同时被显示在信息系统中并加以处理。

综合学派：知识管理综合学派认为，知识管理需要在对信息及对人进行管理的基础上，将两者联系起来进行统一管理。知识管理就是将信息处理能力和人的创新能力结合起来，从而增强组织对环境的适应能力。综合学派专家学者需要具备良好的理解能力、信息掌控能力、丰富的经济学和管理学知识等。此种信息层面、经济层面、管理层面的能力掌握对于实现技术学派、行为学派及综合学派具有重要作用。综合学派专家认为知识管理是一种整体的解决方案，其在观念、战略、知识性组织架构、制度等基础上将对企业知识进行分类化、数据化、模块化的处理，并在考虑其他系统的集成基础上开发相应的知识管理软件，进而建成企业知识管理系统。

此外，左美云等结合不同学派所研究的问题，对三者所关注的解决方案及其相互关系进行了分析，见图3-1[①]。

① 左美云，许珂，陈禹. 企业知识管理的内容框架研究 [J]. 中国人民大学学报，2003（5）：70.

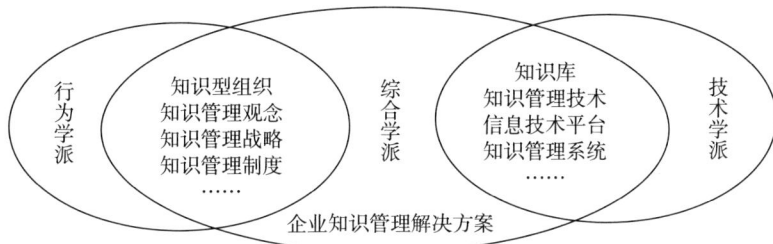

图 3-1 知识管理学派与企业知识管理解决方案

3.1.2 知识管理的过程

知识管理的对象包括显性知识和隐性知识，管理的过程与知识的辨别（Identification）、共享（Sharing）及创造（Creation）密切相关。基于知识管理循环模型，将知识管理分为以下六个过程：

3.1.2.1 知识创造

知识创造是一个复杂的、多维度的动态过程。组织的知识创造是指知识在组织的产品、服务和系统上的能力，知识的创造必须是组织战略中的过程。有学者对个人知识创造和组织知识创造的进行了区分，知识创造过程因知识是个人知识还是组织知识有所差别而使这种区分变得重要。社会知识是大众所知的知识总和。知识在螺旋过程中形成，经过对看似相互对立的概念演化，秩序与混乱、微观与宏观、部分与整体、显性与隐性以及演绎和推理等，形成知识的创新。为了理解组织如何动态地创造知识，提出了一个知识创造的模型，包含了以上因素，即 SCEI 过程、场所（Ba）以及创造过程的投入和产出以及调节因素等知识资产。

3.1.2.2 知识获取

组织的知识获取是组织在现有隐性知识和显性知识的基础上进行的用新知识代替旧知识的过程。组织必须从内部和外部获取知识，甚至组织需要与其伙伴交换知识以实现组织知识的升级，满足现实需要。组织建立自身的知识基础，可以通过不同的内部和外部知识源。为了知识的开发，主动和被动的风格都可以采用，如组织成员的个人知识、相互经验以及变化过程。组织获取外部知识可以通过其他组织的经验方法、参加会议、报纸杂志、获取电子信息、社会技术程序、收集制造商和客户信息、招募新员工、与其他组织合作以及相互投资等。从认知维度看，知识在需要时是可以编码、组织、存储、检索的；从专业技术维度看，知识获取强调了新信息和沟通技术在知识获取过程中的重要价值。知识获取的传统工具包括文字处理器、邮件及操作性软件，新技术包括语音工具、视频会议以及公共工作环境。

3.1.2.3 知识组织

知识组织过程是指知识结构（Structure）、知识列举（Listing）等知识共享过程。知识组织过程包括三个阶段：选择与评价（Selection and Evaluation）、组织（Organization）及再次筛选（Re-selection）。选择与评价是一个持续过程，当应有信息确实是因重新评估并做出相应决策，数据资料的收集使信息和数据成为共有知识。在知识的组织阶段，应该设计相应的工具辅助支持该过程。知识组织战略应该依据不同的知识发展阶段进行指定，每一个阶段都应该进行相应的评估并给予修正。知识的再次筛选是指在一个知识管理周期中对已有知识进行重新评估、筛选和优化的过程。这个过程通常包括识别过时或不再相关的知识；对现有知识进行评估以确定其在未来的重要性、准确性和实用性；对于仍然有用，但部分内容过时的知识进行必要的更新和修订，以保证知识的相关性与准确性；删除重复的知识内容，以及时纠正错误或不准确的信息，保持知识库的清洁和高效；将分散的知识点进行整合，重构知识结构，提高知识的整体性和系统性；如果原有的分类或标签不再适用，需要对知识进行重新分类和标签化，以便于更有效地检索和使用。

3.1.2.4 知识存储

仅仅创造出新知识并不够，还需要对知识进行存储以便在需要的时候能够进行检索。在这个过程中有一个很重要的概念就是"组织记忆"。"组织记忆"以书面文件、电子数据形式存储的结构化信息、专家系统中的编码知识、组织程序和流程，此外还有个体网络形式获得的隐性知识。"组织记忆"包括个人记忆及共享知识、组织文化、结构及信息化档案文件。如果组织将来想要找到自己需要的知识，就必须制订三个知识管理的基本过程：选择值得存储的事件、人和流程；以适当的形式存储组织经验；及时更新组织记忆。同时，组织必须保持知识的安全性。比如，需要做好保密工作，避免不适当的知识流失。知识存储系统必须包含以下要素：允许迅速准确地展现信息的系统结构；给予需要按事件、政策及流程的分类；及时准确地展现信息内容的能力。

3.1.2.5　知识传播

有学者将知识传播定义为"知识在组织内转移的过程"。知识传播可能发生在个体、群体及组织之间，可能的途径是任何一种类型的沟通渠道。知识共享主要是基于知识流动，包含以下要素：知识源的价值、知识源的共享意愿、充足的沟通渠道或媒体、知识共享作为知识交换的个体和群体的意愿。对于个体的知识共享行为，存在很多影响因素，包括动机、激励、组织文化、个人价值、自我认同、信任等软问题，知识共享的技术和工具等硬问题。另外，也有学者认为影响知识共享的因素，最重要的是组织设施及人力资源管理。其中，组织设施包括组织文化、组织结构以及信息技术。据此，知识的传播就可以定义为：为了鼓励创新、方便相关利益者在将来的需要对知识资源进行的知识交换管理活动。

3.1.2.6　知识应用

知识应用是组织员工对新知识和已有知识进行整合并将其应用到产品和服务的生产中的过程。知识管理的关键在于组织适当应用拥有的知识创造相应的效应，有效利用知识可以帮助组织增加效益和降低成本。知识应用包括决策系统的利用、解决问题最终形成知识的创造。创造的知识需要收集、共享并应用，从而推动知识的循环。知识管理系统支持了组织个体利用其他知识的过程，信息技术也通过组织程序促进了组织知识的应用。

正如知识传播中存在的问题一样，知识的应用过程同样存在很多障碍因素，这些障碍因素将使组织成员难以辨别其中的重要因素。因此，组织成员对于新的流程可以提高组织绩效和效能的看法可能并不认同，从而形成组织的"盲区"（Blinding），影响知识的应用。

3.2　社会交换理论

3.2.1　社会交换理论

社会交换是一种社会现象的原型，能够支撑对社会关系和社会角色的微观社会学分析，可以反映任何指向经由社会引起的目标的行为①。"社会交换理论"（Social Exchange Theory）是社会学家 Homans 于 1974 年创立的，主要代表人物有 Emerson、Blau、Coleman 等，其理论最早可追溯到 20 世纪 20 年代人类学（Firth，1967）、社会心理学（Homans，1958）以及社会学（Blau，1964）等学科的发展。社会交换理论是当代社会学理论的一个重要分支，20 世纪 50 年代兴起于美国，60 年代得到进一步发展②。

Blau（1956）将社会交换描述为个人对他人给予好处并以此期望将来得到回报。而这种回报是建立在个人对对方信任的基础上，相信对方在一段较长的时期内会公正地对待自己的贡献。社会交换关系可以存在于个体之间、个体与组织之间，以及组织与组织之间③。马克思和恩格斯也认为社会交换普遍存在，并且交换会使双方产生相互依赖。"这种自然差别在公社互相接触时引起了产品的互相交换……交换没有造成生产领域之间的差别，

---

①　布劳. 社会生活中的交换与权力［M］. 李国武，译. 北京：商务印书馆，2017.
②　姜道奎. 团队知识共享机制研究［M］. 北京：经济科学出版社，2015.
③　Blau P M. Social Mobility and Interpersonal Relations［J］. American Sociological Review，1956，21（3）：290-295.

而是使不同的生产领域发生关系，并把它们变成社会总生产的多少互相依赖的部门。"① "交换和分工互为条件。因为每个人为自己劳动，而他的产品并不是为他自己使用，所以他自然要进行交换……而这种社会分工的统一和互相补充，仿佛是一种自然关系，存在于个人之外并且不以个人为转移。"②

社会交换理论把人类的一切社会行为和社会关系归结为"利益交换"，认为个人之所以与他人建立关系是为了使自己的利益最大化，人们遵照他们个人的利益来决定采取何种行为。Homans（1961）指出，利己主义、趋利避害是人类行为的基本原则，由于每个人都想在交换中获取最大利益，结果使交换行为本身变成一种相对的得与失；他认为只有当双方都能够从中获得利益时，交易和交换才会发生，物质和经济交换与心理社会交换之间并无本质区别，只是经济理论与社会理论采用的分析方式有别。他将经济学和心理学的概念和原理相结合，并在此基础上加以修正和发展，运用刺激、行为、报酬、惩罚、价值、代价、知觉、期望等基本概念，构建了其关于人类社会行为的一般命题系统，并通过对这些命题系统的解释演绎出一系列经验规则，用以解释人类行为③。此外，Homans 还借鉴了行为心理学的理论，把人类行为当作互动中的个体彼此进行赏罚的交换，认为社会行为是商品的交换，不仅包括物质的东西，还包括非物质的东西，如赞同或为威望的符号；他认为个体既努力争取与别人的交换平衡，也追求交易收益，即获得的回报的价值与付出的成本的差异达到最大化。

社会交换理论的核心是"互惠原则"，即交换双方以期通过交换所获得的回报大于交换成本。Couldner（1960）对互惠主义原则进行回顾发现：对于该原则的界定仍存在模糊性，但可将其分为独立交换的互惠主义、民俗信念的互惠主义以及作为道德规范的互惠主义。如果交换双方的结果均为

---

①②　马克思. 资本论（第 1 卷）［M］. 中共中央马克思恩格斯列宁斯大林著作编译局，编译. 北京：人民出版社，2004.

③　Homans G C. Social Behavior: Its Elementary Forms ［M］. NY: Harcourt Brace and World, 1961.

正，则关系将持续下去；如果双方或一方所得的结果为负，则这种关系将不会长久，交换行为也将不复存在。社会交换理论对组织最重要的启示在于：要尽可能提高组织的投入对员工的价值，主动地给予他们需要的投入；在组织面临困难时也尽可能地保障员工的需要，这样才能尽可能增强员工回报的责任感。

依据社会交换理论，由交换引起的一系列相互依存的各类人际关系就是交换。然而在关系概念上仍存在理论的模糊，一方面关系可能指一系列相互依存的交换，另一方面可以阐释为由交换产生的人际附属物（Interpersonal Attachments）。Cropanzano（2005）按照交易类型与关系类型对交换关系进行了划分（见表3-2），当存在不匹配时，奖励或风险就会存在，存在的风险主要是背叛、心理伤害以至于关系的破裂，而存在的奖励主要是信任关系的增强。

表3-2　社会交换中的交易与关系

关系类型	交易类型	
	社会交换	经济交换
社会交换	匹配：社会关系中的社会交换	不匹配：社会关系中的经济交换
经济交换	不匹配：经济关系中的社会交换	匹配：社会关系中的经济交换

组织内部的社会交换主要包括以下两种形式：一是组织成员与所在组织之间的交换，这种交换大多具有"生产性交换"的性质，其特点是成员必须先为组织创造某种价值，然后才能得到报酬。这就使组织成员的投入与产出之间不可避免地存在一定时间间隔，体现了成员所获得报酬对于其先期投入的依赖性。二是组织内部成员之间的交换。它不是一种单纯的两人交换，而是具有自身的某些特点。在组织和群体情境中的任何一次交换，都要考虑交换成员双方之外的其他成员、组织因素和群体因素对交换的影响。在组织和群体内部，通常存在一些共同的规则、认知、价值观和态度定向，它们会制约组织内部社会交换的模式。

社会交换理论源自经济学的理性选择理论，认为个体在采取一项行为之前会以最大收益和最小成本进行考量。社会交换理论虽然源自经济学，但与经典微观经济理论仍存在差异：社会交换是与长期社会关系联系的，而市场中的交易往往是匿名的。经济交换很大程度上取决于合同义务，而不是人际关系纽带。此外，社会交换取决于信任等因素（Blau，1964），而不仅是交换的价值和回报（Jarvenpaa & Staples，2000）。社会学、微观经济学、行为心理学和人类学应用社会交换理论去解决相关领域的问题，应用理性行为模式考察行为方的活动；在决策时，行为方将自觉地依据以往的行为选择考虑成本和收益。

3.2.2　社会交换理论与知识共享

霍曼斯认为，无论一种活动是有形的还是无形的，是有报酬的还是有代价的，只要发生在至少两个人之间的活动，都可以被理解为是一种社会活动①。根据这一理论，高校与企业之间进行社会交换与互动的过程，可以被理解为知识共享的形式。

知识是一种私人物品。对于知识所有者来说，他有权利决定是否将知识共享。为促进个人实施知识共享，需要说服知识所有者并使他认为交换某种资源是值得的。获得知识不仅能使个人清晰地表达其经验和技巧，还涉及创造一种激励机制使得个人认为值得去做。知识共享存在两种激励形式：明确的激励（Explicit/Hard Rewards）和软激励（Soft Rewards），这些激励可以用交换资源的概念表达，并可以通过货币的形式实施。其他促进知识共享的激励因素可以用设施（Infrastructure）进行归类：社会设施（Social Infrastructure）、技术设施（Technological Infrastructure）和边界设施（Boundary Infrastructure）（Davenport，1998）。知识购买者、知识出售者、激励以及设施等因素构成了"知识市场"，从而形成了知识共享的环境。

社会交换理论与经济交换理论的不同之处在于它的两个关键假设：关

---

① 布劳.社会生活中的交换与权力［M］.李国武，译.北京：商务印书馆，2017.

系的长期性和期望的笼统性（Blau，1964）。第一，在经济交换中，参与人的交换关系是一次性的，即参与者仅关注现阶段的收益和成本；而社会交换是一个长期过程，即参与人在长期会发生多次交换。第二，社会交换的参与人对于未来的收益并不是非常精确的，而是笼统的期望。而知识共享更加符合社会交换的这两条假设，因此我们认为知识共享是一种社会交换过程，主要原因如下：首先，知识共享参与者之间是一种长期关系；其次，参与者对知识共享获得的收益具有比较笼统的期望。前人在其研究中指出，知识共享参与者通过共享可以获得外在收益（如奖金、升职）和内在收益（如自我效力），特别是对于内在收益，参与者难以准确地预计未来的收益。

作为社会交换，知识共享具有四个交换要素：交换参与者、交换资源、交换结构、交换过程。在知识共享中，参与者是个人或整个组织。交换资源只是交换中的收益和成本，如知识价值、奖励和社会声誉（Lin，2007）。在组织环境下，Lin（2007）检验了社会因素对知识共享行为的影响。他在研究中发现合作者关系、组织承诺和员工参与决策是知识共享的重要影响因素；此外，他进一步研究了个人知识共享行为的内在和外在激励因素，并且发现互惠收益、自我效力和乐于助人会正面影响知识共享行为。

应用社会交换理论考察知识共享的，大多数属于管理领域、组织研究领域以及信息系统领域的学者。应用社会交换理论研究知识共享的学者认为，知识共享时参与者是在一定设施支持下通过知识市场的网络关系进行的[①]。交换发生需要满足三个条件：交换机会、交换主体希望通过交换创造价值、交换主体认为知识交换值得去做，他们应用了"知识市场"（Konwledge Market）的概念，认为知识出售者在面对购买方时，往往计算交易是否值得去做，而知识购买者往往考虑他们自身是否有可供交换的东西。在"知识市场"中，交换使社会资本同时成为智力资本，即社会资本通过交换

---

① Davebport T H. Working Knowledge：How Organizations Manage What They Know［M］. Boston：Harvard Business School Press，1998.

创造、维持和促进交流。

3.3 资源依赖理论

3.3.1 资源依赖理论的提出

资源依赖理论主要是研究组织生存与发展的目标，通过发展自身来减少依赖其他组织资源，以达到使用自身资源来影响提供资源的组织，并掌握不可复制珍贵资源的方法。早期的组织理论关注的焦点是组织的内部规则和组织成员激励，几乎不考虑外部环境对于组织及其运行的影响，这种研究组织的观点被称为封闭系统模式。20 世纪 60 年代以后，组织与环境之间的关系以及环境对组织及其运行的影响问题成为组织研究的焦点。这种研究组织的观点被称为开放系统模式，资源依赖理论（Resource Dependence Theory）成为该模式的代表性理论之一。

组织作为一个开放的系统，仅有内循环只能实现短暂发展，要想实现长久、稳定与持续发展则还需要进行外循环，实现能量与资源的交换。资源依赖理论最早是在 20 世纪 40 年代，由美国学者杰弗里·菲佛和杰勒尔德·R. 萨兰基克在《组织的外部控制：对组织资源依赖的分析》一书中提出，并对资源依赖理论进行了详细的阐述。他们指出组织内部无法产生所需要的所有资源，组织为了生存必须从外部获取资源，与外部成员互动、交换甚至控制外部资源等；提出了组织对资源的依赖程度取决于三个方面，即资源对组织的重要性、资源的稀缺程度、替代性资源的存在程度；并区分了组织间相互依赖的方式——成果相互依赖（Outcome Interdependence）和行为依赖（Behavior Interdependence）。其中成果相互依赖又可以进一步区分为竞争性互依（Competitive Interdependence）和共生性互依（Symbiotic Interdependence），组织通过兼并、并购、联盟等方式进行决策来处理不同的互依关系。同时，当一个组织在资金、市场、信息等资源上对其他组织产生高度依赖时，这个组织会与其他组织保持长期且亲密的关系；只有这种依赖程度较低时，它们之间的关系才可能是临时的或是相对疏远的①。

资源依赖理论作为组织理论的一个分支，是与种群生态学、新制度主义理论并列的一个重要流派，其认为组织与环境的关系是非常重要的。其内涵主要体现在以下四个方面：首先，组织为了维持生存，必须依赖外部资源的供给，避免单方面的盲从和跟风，实现彼此间资源的依赖；其次，一个组织就是一个系统，组织自身的资源难以维持组织的发展；再次，一个组织面对环境的不确定性和资源短缺，必须与其依赖的环境要素进行互动，这些环境要素也包括其他组织，以减少对特定环境的依赖；最后，组织通过内部系统优化和外部系统协同，提升组织长期的发展能力②。

总之，资源依赖理论，即组织双方通过提供自身资源来进行资源互换从而达到依赖关系，由于双方在资源互换过程中所提供的资源不平衡，导致双方产生控制关系。若一方组织太过于依赖另一方，那么一方组织内部的权利会被另一方组织所影响，因为组织的正常运行需要依赖多种自身无法生产的资源。另外，由于组织外部所依赖资源的限制以及内部权利的构造导致组织为了获得控制权而摆脱对其他组织资源的依赖，从而产生组织自治的行为。

3.3.2 资源依赖理论的假设

杰弗里·菲佛和杰勒尔德·R.萨兰基克在阐述资源依赖理论的时候提出了四个假设：①生存对于组织是最主要的；②组织的生存需要依赖很多

---

① 彭莉君. 大学与科研机构科教融汇协同育人机制建构——基于资源依赖理论的视角［J］. 研究生教育研究，2024（4）：74.

② 王永钊，程扬. 基于资源依赖理论的高职院校产业学院高质量发展研究［J］. 教育与职业，2022（18）：36-37.

自身无法生产的资源；③组织的生存需要获取其他组织能提供的某些外界环境因素；④组织的生存取决于是否能控制与其他组织的依赖关系①。

资源依赖理论的基本假设为：任何组织都存在于一个开放的系统中，没有组织能做到完全的自给自足，大量有关组织生存的稀缺和珍贵的资源都包含于组织的外部环境中。出于生存的需要，所有的组织必须建立与包括其他组织在内的外部环境的依赖关系，以获取组织生存所需要的资源（包括资金、人才、信息、知识和支持等）。资源依赖理论的创立者菲佛和萨兰基克认为，一个组织对另一个组织的依赖程度由三种因素所决定：资源对组织生存的重要性；组织内部或外部一个特定群体获得或处理资源使用的程度；替代性资源来源的存在程度②。汤普森（Thompson）曾经将组织间的依赖方式划分为三类：集合式依赖、顺序式依赖以及交互式依赖。其中，集合式依赖是指为完成组织总的目标，单个独立运行的部门愿意将其产出与其他部门的产出在平等的状态下进行整合；顺序式依赖是指部门间的投入及产出连接在一起，呈现一种单向度的依赖关系，上一部门的产出会直接影响下一部门产出的结果；交互式依赖是指部门间的依赖关系是一种互补性的、双向共赢的，需要持续性的相互协调（Thompson，1967）③。

资源依赖理论探讨了组织与环境之间特别是组织间的依赖关系，分析了组织为适应环境而采取的种种策略，对于深入了解组织间互动行为及其相应的运作机制具有极为重要的意义。然而，资源依赖关系并非对等的，安东尼·吉登斯（1998）曾用"局外人""局内人"的概念描述了这种不对称的资源依赖关系。那些长期处于资源中心的强势部门就是"局内人"，它们已经确立了自身对资源的控制权，得以维持自身与那些处于边缘区域

---

① 杰弗里·菲佛，杰勒尔德·萨兰基克. 组织的外部控制：对组织资源依赖的分析 [M]. 北京：东方出版社，1978.

② 马迎贤. 组织间关系：资源依赖视角的研究综述 [J]. 管理评论，2005（2）：56.

③ Thompson J D. Organizations in Action：Social Science Bases of Administrative Theory [M]. New York：Transaction Publishers，1967.

的"局外人"的分化和距离①，这也解释了跨组织知识共享中那些拥有更多信息和知识资源的组织动力不足的问题。

3.4 核心概念

3.4.1 地方高校

地方高校一般指地方所属高等学校，即隶属各省、自治区、直辖市，大多数靠地方财政提供资金，由地方行政部门划拨经费的普通高等学校。地方高校包含两层含义：一是高等教育要适应地方经济发展，为地方经济发展服务，成为地方经济、文化、科学中心。二是高等教育管理权属于地方，并将地方财政拨款作为办学资金主要来源。地方高校占据了我国本科高校的绝大多数，是我国高等教育的主体部分，承担着为区域经济发展培养适用人才、提供智力支持以及其他服务等重要任务，对区域经济社会可持续发展起着不可或缺的作用②。

2015年10月21日，为贯彻落实党中央、国务院关于引导部分地方普通本科高校向应用型转变的决策部署，推进地方高校转型发展，采取示范引领方式，在全国重点支持100所地方普通本科高校向应用技术类型高等高校转型，促进高校各安其位、各展所长，办出特色、办出水平，提高服务国家和区域经济社会发展能力。着力在应用型高校设置标准、拨款方式、学科专业结构优化、"双师型"教师队伍建设等方面进行探索，为全面推进地方高校转型发展积累经验。

对于地方高校来说，毕业生的整体素质能力、就业质量等直接关系地

① 安东尼·吉登斯. 民族——国家与暴力［M］. 北京：生活·读书·新知三联书店，1998.
② 王凤领. 地方高校产教融合应用型人才培养研究［M］. 北京：中国水利水电出版社，2020.

方高校的发展。这是因为地方高校所培养的学生如果有良好的就业能力、就业质量，地方高校社会信誉就会增加，生源的质量和数量也会随之增加，也就可以进一步地发展和壮大。因此，地方高校要紧抓产学合作这一应用型人才培养创新机制，主动与企业展开深度合作，主动与市场对接。通过产学合作培养途径，地方高校的教育体制、人才培养模式等方面可做出相应的改善，形成地方高校自身的办学特色和特色专业，切实发挥好地方高校培养应用型人才的重要作用。

3.4.2　产学合作

最早的产学合作理论是从劳动教育模式中产生的。英国的空想社会主义学者托马斯·莫尔（Tomas More，1478~1535）在其所著的《乌托邦》一书中最先提出了劳动教育的主张，指出对儿童进行初等教育时，既要在高校里学习农业知识，又要到城郊田地从事农业劳动。威廉·配第（William Petty，1623~1687），在 1648 年发表的《威廉·配第就知识的某些特殊部分的进展致哈特利布先生的建议》一文中，提出了建立"劳动高校"（即"科学工场""机械中学"）的计划。从配第的教育改革方案中可以看到合作教育的原形。英国经济学家约翰·贝勒斯（John Bellers，1654~1725），在《关于创办一所一切有用于手工业和农业的劳动学院的建议》一文中，提出劳动学院就是社会主义的生产合作体，马克思称赞贝勒斯教育改革方案体现了"结束现行的教育和分工"的要求。贝勒斯的劳动教育论是合作教育的思想源泉之一。法国18世纪资产阶级启蒙思想家卢梭（Rousseau，1712~1778）从"自然教育"理论出发，提出劳动教育主张。卢梭在这里将劳动作为教育工具，他认为，在自由人的教育中，手工劳动是重要内容之一。瑞士的教育家裴斯塔洛齐（Pestalozzi，1746~1827）企图通过教育来改善农民生活，他在他创办的学院里进行简化教学实验，提出了教育与生产劳动相结合的思想；但他的劳动与教学相结合只是纯粹机械的结合，没有在两者之间建立内在联系。这些思想家有预见地看到了人类社会发展的重要模式就是让教育和生产劳动结合起来。先贤们的智慧为我们解释了产学研合作的生命力①。

产学合作，从名词解释来看："产"是指产业界、企业，包括社会物质财富生产企业和与高校、科研院所之间就社会物质财富生产进行知识流动的企业；"学"是指学术界，包括高校与科研院所等，即从事人才培养和学术研究的机构。由于包括科研院所，有时产学合作也被称为"产学研合作"，本书聚焦于高校与企业之间的"产学合作"。产学合作就是充分利用高校与企业等多种不同教学环境和教学资源以及在人才培养、科学研究、技术开发、生产经营及人员交流、资源共享、信息互通等方面所结成的互惠互利、互促互补的联合与协作关系方面的各自优势，把以课堂传授知识为主的高校教育与直接获取实际经验、实践能力为主的生产、科研实践有机结合的教育形式②。产学合作通常以企业为技术需求方，以高校或科研院所为技术供给方，以政府以及中介服务机构作辅助，企业、高校和科研院所在功能与资源优势上的协同与集成化，其实质是促进技术创新所需各种生产要素的有效组合。

国际上通行的产学合作指的是 University and Industry Collaboration，即指高校和产业之间围绕知识和创新而进行的正式与非正式合作。产学合作使高校和企业形成有机联系，是高校与企业联合培养人才的机制，尤其是指高校和企业通过教学和生产两个环节相结合来提高学生应用能力的实践。产学合作是一种以市场和社会需求为导向的运行机制，以培养学生的综合素质和实际能力为重点。对于高校，产学合作人才培养模式已成为国际职教界公认的人才培养的途径，许多国家根据自身情况采取了不同的实施方针与措施。对于企业，产学合作提高了从业人员素质，减轻了企业改革创新的成本，增加了发展的资本和潜力。在产学合作的过程中，高校负责知识传授、企业负责技术创新，高校与企业双方共享知识与技术并将其转化

---

① 叶伟巍. 产学合作创新机理与政策研究——以浙江省为例 [D]. 浙江大学博士学位论文，2009.

② 万剑，赵烨烨. 高校产学研合作的利益机制探析 [J]. 中国高等教育，2011 (12)：50-51.

为成果，以培养学生胜任岗位的能力，促进地方社会经济发展，提高地方高校学生的就业率和就业质量。

产学合作不仅关系到国家创新能力和竞争力的不断提升，还关系到整个经济社会的永续发展。因此，近年来国内外众多学者、产业界人士、政府决策者纷纷对产学合作展开了深入的研究和探索。从不同的视角产生了众多比较零散的文献，其中主流思想都是在知识经济的框架下，基于跨组织合作的视角对产学合作展开研究的，比较经典的理论模型有国家创新系统（NIS）、知识的新生产（NPK）、三重螺旋（TH）等理论。这些理论在不同的背景下研究了产学之间在知识创新方面的各种合作关系，对产学合作理论作出了巨大贡献，认为产学合作的本质是知识的生产和创新问题。

第4章　产学合作知识共享的理念分析

4.1　高等教育与产业的关系

4.1.1　高等教育与经济的关系

高等教育与产业的关系从属于高等教育与经济的关系这一范畴，探讨高等教育与产业的关系离不开对高等教育与经济关系的梳理。高等教育与经济的关系，既是高等教育基本理论中"高等教育与社会的关系"这一研究范畴的子领域，更是教育经济学研究的重要范畴和理论体系构建的基石。

4.1.1.1　高等教育在不同经济时代的具体表现

高等教育是社会大系统中的子系统，高等教育承担什么样的人才培养职能，要受外在的社会因素所制约。与人类历史上三种社会形态的经济特征相一致，高等教育在不同时代有不同的表现，或者说不同时期的高等教育承担的人才培养目标和规格的要求各不相同：农业社会的高等教育注重文化传承和守成型人才的培养；工业社会的高等教育注重培养善于学习的专业人才；而在知识经济与后工业社会的高等教育注重的是高素质创新型人才的培养。

（1）农业社会经济特点制约下的高等教育职能与价值取向

吴康宁（1998）在论述"农业社会经济结构与教育职能"时指出"在农业社会的经济结构（封建小农经济的生产方式）背景下，社会需要教育承担现存的不平等生产关系以及相应的整个社会关系的再生产职能。教育在培养社会的'政治精英'的同时，也负担着'庶民教化'的任务，目的都在于维护或者认同现存的社会秩序"。传统教育的价值取向是法古、崇古和重权威，教育的总体特征是封闭性，其集中表现是形成了一套老师传授学生继承的模式；衡量教育成功与否的标准，在于受教育者有无让自己的未来重演教育者的过去的决心及其相应能力。在教育内容的选择方面，法古的教育价值取向标志是把古人的重要著作绝对地经典化。因此，农业社会的特点是一种"过去导向文化"，重在对过去优势传统文化的继承、积累和维持，也是一种终极真理般的形而上学式的伦理型文化。与农业社会形态的"过去导向文化"、伦理型文化特点相一致，高等教育注重的是文化的传承功能；而高等教育的人才培养模式总的特点则为：无论是从人才培养的目标还是从培养过程来看，都注重文化传承的伦理型教育。

（2）工业社会经济特点制约下的高等教育职能与价值取向

工业革命的本质是技术知识的创新、传播和应用引发的文明革命，而且侧重于应用。工业社会的生产技术方面的特点是专业化、自动化、标准化、大规模生产技术等；工业社会的产品特点是标准化、系列化、大众化、批量化等。在上述工业社会的经济特点和生产模式下，社会对教育有何期待？吴康宁（1998）认为工业社会中教育主要突出的是其经济职能：与农业社会不同，工业社会中的庶民教化已不再是与劳动力再生产毫无干系的一种"纯教化"活动了，而是与劳动力的专门培养与训练紧密结合在一起。劳动力的专门培养与训练是工业社会的科学技术含量日益增多的经济结构迫使教育不得不承担的一项新的社会职能①。工业社会的高等教育在价值观、教育功能观等方面主要表现为：第一，工业社会的教育观念强调主动适应社会变革，因而是道德开放和动态的；第二，工业社会在教育的文化功能观方面比较具有超前意识，强调对先进文化的研究、学习、模仿和融合；第三，工业社会的教育突出教育的经济功能。

工业社会文化的特点如程式化、标准化、同质化、工具理性等，决定了其高等教育的人才培养模式总的特点是"注重文化模仿的专业教育模式"：从培养目标来看，工业经济培养的是对口式的、处方式的人才和现成的专家；从培养过程来看，工业经济是狭窄的专业教育模式，或工具性的或唯理性的教育模式。高等教育的口号是"学习、学习、再学习"②。

因此，工业社会的文化特点是一种"同时导向文化"，重在对现有文化成果的学习、模仿和移植。与工业社会形态的"同时导向文化""工具理性文化"的特点相一致，高等教育注重的是文化的研究、学习、模仿与融合功能；而高等教育的人才培养总的特点则为"注重文化模仿的专业教育模式"。

（3）知识经济和后工业社会的高等教育价值取向与人才培养模式的特点

知识经济是和农业经济、工业经济相对应的一个概念，它的基本特点是知识与经济的结合。创新是知识经济的本质。与农业经济社会、工业经济社会相比，在知识经济与后工业社会里，创新的特点是：由一次性创新向持续创新转变、由个别创新向系列创新转变、由专家创新向全员创新转变。知识经济的根本属性就是知识经济的发展动力来自知识的生产、传播和应用，知识成为生产力的第一要素，知识经济的实质在于持续创新。

在知识经济和后工业社会的文化特点的制约下，高等教育将别无选择地坚持未来的价值取向。美国著名未来学家阿而温·托夫勒（Alvin Toffler）于1970年提出的超工业化教育制度应从关心现在变为注重未来，

①② 吴康宁.教育社会学［M］.北京：人民教育出版社，1998.

他说"对任何人来说，光懂得过去已经不够了，甚至懂得现在也远不够，此时此地的环境很快就会消失。他必须学会如何去预测未来变化的方向和速度，用技术术语来说，他必须学会预测未来的概况和远景的本领。他的老师也必须具备这种能力……教育必须先对未来有连贯的、不同的设想"①。

由于知识经济和后工业社会的经济特点建立在知识与信息的生产、传播、分配和使用之上，目的是突出教育的文化功能和社会更新职能；教育改革形成了一套开放式的"老师引导学生创造"的教育模式，以不断造就出能够推陈出新（例如新技术、新产品、新结构、新制度、新关系、新网络）的新兴人才②。衡量教育成功与否的标准在于受教育者有无同受教育者的过去告别，并开创新的未来的勇气及相应的能力③。从知识经济社会和后工业社会高等教育人才培养模式的特点来看，知识经济和后工业社会，为主动适应 21 世纪人类社会面临的经济、科技和综合国力等方面的严峻挑战，高等教育必须建立以培养造就新世纪需要的高素质的创新人才为最高目标的创新教育体系。

因此，知识经济和后工业社会的特点是根植于未来导向，重视未来社会发展的需求及对未来社会文明的引导和创造，与后工业社会形态的文化特点相一致，高等教育注重的是创新功能，其人才培养模式总的特点为注重文化创新的通识教育与专业教育相结合的模式。高等教育的口号不再是工业时代的"学习、学习、再学习"，而是低年级的"边学习、边模仿、边创造"和高年级的"创造、创造、再创造""迈向知识经济时代，培养可持续创新人才"。

综上所述，教育的特征是与社会形态发展水平相联系的，农业社会面向过去，工业社会面向今天，而知识经济和后工业社会则面向未来。与上述三种社会形态的经济特点相一致，高等教育的天职在不同时代有不同的

---

①　阿而温·托夫勒. 第三次浪潮 [M]. 朱志焱，译. 北京：生活·读书·新知三联书店，1983.

②③　吴康宁. 教育社会学 [M]. 北京：人民教育出版社，1998.

表现，或者说不同时期高等教育承担的人才培养目标和规格的要求各不相同：农业社会的高等教育注重守成型人才的培养；工业社会的高等教育注重培养善于学习的专业人才，注重对现有成果的学习、模仿和移植；而在知识经济和后工业社会的高等教育则根植于未来导向，重视未来社会的发展需求及对未来社会文明的引导与创造，使其人才培养活动侧重于高素质创新型人才的培养。

4.1.1.2 当代高等教育的使命

当代高等教育承担的使命或应履行的职能有两项：一是进行包括知识创新在内的整体意义上的民族文化创新；二是高素质创新型的专门人才的培养。

人类社会已迈进知识经济时代，科技知识创新成为各国竞争的新焦点和民族国家的生存法则，生产力的内涵和外延都发生了变化，科学技术成为第一生产力，科技进步成为经济发展的主要增长因素。随着科学技术在生产力中位置的改变，生产力中各要素也发生了变化。保罗·罗默提出"资本+非技术劳力+人力资本+新思想"的要素说。知识是指人力资本和新思想的总和。由于生产力的要素——科技、知识的主要地位，使生产科技和知识的大学成为经济的主要部门，这是高等教育走向社会中心的经济学基础。潘懋元和刘振天（1999）认为：知识经济时代的到来，势必使与知识直接相关的高等教育也进入经济运行过程之中；知识直接参与经济活动，从而使高等教育被推向经济社会的中心。在知识经济时代，从某种意义上说，高等教育也是一种经济活动。这样，以知识为基础的经济和以知识为中心的高等教育发生了许多重合，两者统一于知识这个共同的基础之中，这体现了知识经济与高等教育内在的关联性和一致性，离开高等教育谈论知识经济的发展是不可想象的①。

由此，高等教育在知识经济和后工业社会中扮演以下四种角色：

第一，高等教育是知识经济发展的人才库。传播知识、造就人才是高

---

① 潘懋元，刘振天. 发挥大学中心作用促进知识经济发展［J］. 教育发展研究，1999（6）.

等教育促进知识经济发展的最根本的价值表现形式；知识经济时代，不管高等教育的职能和作用发生什么变化，传播知识和培养人才的职能都不会改变，这是由高等教育的本质决定的。

第二，高等教育是知识经济的知识库和思想库。如果说知识的传播是知识经济活动得以进行的前提，那么知识生产则是知识经济的核心。高等教育在生产新知识方面，有学科、人才、信息、学术环境等诸多优势。事实证明，许多新的学科、理论产生于高等教育，高等教育是新知识新理论的土壤，是巨大的人才库，也是巨大的知识库和思想库；高等教育以其知识的生产和创新为知识经济提供动力，日益显示出强大的力量。

第三，高等教育是知识经济时代知识产业的孵化器。知识化企业是知识经济时代产业的支柱。因此，发展知识化产业是知识经济的主要内容。知识产业是知识密集型产业，与高等教育有直接的关系。高等教育是科学研究和技术开发的基地，也是塑造新型知识产业的孵化器。高等教育有条件依靠其知识和人才密集优势发展知识产业。

第四，高等教育为知识发展提供价值导向。高等教育在为知识提供价值导向方面，具有天然的人文资源和文化环境，以及不可替代的作用。高等教育的人文资源和文化环境是养成社会活动主体所必需的人文价值的最根本的途径[①]。

综上所述，基于知识经济时代社会发展的迫切需要（科技知识的创新成为竞争新焦点），基于高等教育的中心地位及其对社会发展和文化创新所扮演的角色（如人才库、知识库、思想库与高新科技的孵化器等）与发挥的作用，或是基于高等教育自身人才培养的要求，这些都使高等教育必须突出创新功能，承担创新使命，以先进技术的研究者、传播者和创作者为己任，为未来中国社会做先导，成为中国一切新学术、新思想、新文化、新技术的策源地。

---

① 潘懋元，刘振天．发挥大学中心作用促进知识经济发展［J］．教育发展研究，1999（6）．

4.1.2　我国产教关系的演变

我国的产教关系最早可追溯到陶行知的生活教育理论。陶行知在吸收与借鉴西方实用主义教育理论、继承中国传统教育思想基础上，经过深入调查与了解中国高校教育的现状，创造性地提出了自己的生活教育理论。20世纪20年代，陶行知开始意识到传统教育的弊端不仅仅是方法上的问题，更是体制、内容乃至根本方向的问题。他猛烈抨击传统教育脱离人民大众，脱离劳动生产，脱离社会生产，并提出"教学做合一"法。依陶行知的解释，"教学做合一"的"做"，是包含广泛意味的生活实践的意思①，是人类生活中一切有意义的活动。具体而言，"做的发明，是创造，是实验，是建设，是生产，是破坏，是奋斗，是探寻出路，还包括文艺等精神活动"②。它不是狭义的"做"，更不是盲行盲动，而是劳力上劳心。可见，陶行知的教育方法有助于加强理论与实际的联系，加强教育与生产劳动、社会生活的联系。在教育的组织形式上，陶行知独创了工学团这一集生产、教育、自卫三种职能于一体的新型团体。"工是工作，学是科学，团是团体"，即以工养生、以学明生、以团保生。工学团把高校、工厂、社会打成一片，是陶行知理想中的社会基层单位。按照陶行知的设想，每一个基层组织都可以办成这样的工学团。联合起来就构成了一个大高校、大社会。

中华人民共和国成立后，马克思主义的教育与生产劳动相结合被作为处理教育和产业关系的指导思想，并被列入了我国的教育方针。自此我国的产教关系开始有了明确的内涵③。在马克思看来，教育与生产劳动相结合是造就全面发展的人的唯一方法，其实质是要在教育和生产劳动之间建立相互影响、渗透和促进关系，劳动技术教育是教育与生产劳动结合的重要

---

① 陶行知.教育生活漫忆［M］//陶行知全集（第3卷）.长沙：湖南教育出版社，1985.
② 陶行知.教学做合一下之教科书［M］//陶行知全集（第2卷）.长沙：湖南教育出版社，1985.
③ 陈星.应用型高校产教融合动机研究［M］.北京：中国社会科学出版社，2020.

形式。"教育与生产劳动结合是由马克思和恩格斯奠定，后由列宁、毛泽东、邓小平等马克思主义者在实践运用中不断加以发展而形成的一个有关教育、经济和社会发展关系的理论体系"①，对我国的教育发展以及教育与产业的关系产生了广泛而深刻的影响。

1949 年 12 月召开的全国第一次教育工作会议，把"为工农服务，为生产建设服务"列为教育工作的方针。1958 年 9 月，中共中央、国务院在《关于教育工作的指示》中提出：教育必须为无产阶级政治服务，教育必须与生产劳动相结合。根据这一方针，20 世纪 50~60 年代的教育为我国社会主义建设及其产业工业化培养了一大批专门人才。"文革"期间，受"四人帮"的影响，教育与生产劳动分离。党的十一届三中全会之后，教育与生产劳动相结合又被拨回正轨。1993 年发布的《中国教育改革和发展纲要》和 1995 年颁布的《中华人民共和国教育法》，重新将教育与生产劳动结合确定为我国的教育方针，以及国内处理教育与产业关系的总方针。

20 世纪 90 年代，"产教结合""教育产业化""产学研合作"开始成为处理教育和产业关系的新尺度。产教结合指在教育和产业之间，包括教育系统与产业系统、教育部门（组织）与产业部门（组织）以及教学过程与生产过程等，建立密切联系。国务院 1991 年发布的《关于大力发展职业技术教育的决定》开始出现"产教结合"的提法；各类职业技术高校和培训中心，应根据教学需要和所具有的条件，积极发展校办产业，办好生产实习基地。提倡产教结合，工学结合。产学研合作，是指企业、高校、科研院所为实现优势互补以及科技成果转化和产业化这一共同目的，通过契约或其他方式，相互支持和配合，联合进行成果研究开发和成果转化的行为。产学研合作的相关概念有"产学研结合""产学研一体化"等，具体概念有"产学研战略联盟""产学研协同创新"等。产学研合作是产学研结合的一

---

① 孙振东."教劳结合"若干理论问题探讨［J］.上海教育科研，1996（6）：8-12.

种具体的较为高级的形式①。我国的产学研合作模式主要有政府推动、市场需求主导、共建模式等②。1992 年 4 月，国务院经贸办、国家教育委员会、中共科学院启动了产学研联合开发工程，目的在于组合和调动高校、科研院所和企业的优势与积极性，加速科技成果向现实生产力的转化，促进我国经济发展。1993 年《中华人民共和国科学技术进步法》以法律形式确认，鼓励企业、高校、科研机构开展联合和协作。1999 年中共中央、国务院颁布的《关于加强技术创新，发展高科技，实现产业化的决定》，2006 年国家发布的《国家中长期科学和技术发展规划纲要（2006—2020 年）》《实施〈国家中长期科学和技术发展规划纲要（2006—2020 年）的若干配套政策〉》，以及科学技术部 2008 年出台的《关于推动产业技术创新战略联盟构建的指导意见》等政策文件，对产学研的意义、规划和配套措施等问题做了说明和深化。2020 年，教育部办公厅出台了《教育部产学合作协同育人项目管理办法》，深入推进产学合作协同育人。

2005 年前后，工学结合和校企合作被奉为人才培养方面拉近教育和产业关系的圭臬。工学结合是一种将学习与工作相结合的教育模式，形式多样，工作与学习交替进行的时间期限为一年、一学期、一星期或者一天。校企合作要求校企双方在办学形式、人才培养方案的制定、课程体系的构建、教学内容的选定、实训基地建设、实践教学的组织实施、师资培养等方面进行深入合作③。校企合作的下位概念有校企协同育人、校企合作育人、职业教育集团化等。2005 年 10 月，《国务院关于大力发展职业教育的决定》指出"职业教育要改革以高校和课堂为中心的传统人才培养模式"。2006 年 3 月，《教育部关于职业院校试行工学结合、半工半读的意见》提出：大力推行工学合作、校企合作的培养模式，逐步建立和完善半工半读

---

① 陈云. 产学研合作相关概念辨析及范式构建［J］. 科学学研究，2012（8）：1206-1210.

② 武海峰，牛勇平. 国内外产学研合作模式的比较研究［J］. 山东社会科学，2007（11）：108-110.

③ 洪贞银. 高等职业教育校企深度合作的若干问题及其思考［J］. 高等教育研究，2010（3）：58-63.

制度，为社会主义现代化建设培养数以亿计的高素质劳动者和数以千计的高技能专门人才服务。2010年7月发布的《国家中长期教育改革和发展规划纲要（2010—2020年）》进一步指出：提高职业教育办学质量以服务为宗旨，以就业为导向，推进教育教学改革；实行工学结合、校企合作、顶岗实习的人才培养模式。2014年颁布的《国务院关于加快发展现代职业教育的决定》《现代职业教育体系建设规划（2014—2020年）》，均对校企合作、职业教育集团化和校企协同育人等问题做了强化。

2010年之后，由于校企合作、工学结合等教育理念的实施效果不太理想，现代学徒制又被抛出。现代学徒制是高校与企业合作以师傅带徒弟强化实践教学的一种人才培养模式①。学徒制是一种在实际工作过程中以师傅的言传身教为主要形式的职业技能传授形式，即"手把手"教。一般认为制度化的学徒制出现在中世纪。与传统学徒制相比，现代学徒制主要加入了高校教育和知识传授。现代学徒制的"现代性"体现为：功能目的从重生产性到重教育性；教育性质从狭隘到广泛；制度规范从社会层面上升到国家层面；利益相关者机制从简单到复杂；教学组织从非结构化到结构化②。2014年6月，《国务院关于加快发展现代职业教育的决定》明确提出"开展校企联合招生、联合培养的现代学徒制试点，完善支持政策，推进校企一体化育人"。2014年8月，《教育部关于开展现代学徒制试点工作的意见》指出：为深化产教融合、校企合作，进一步完善校企合作育人机制，创新技术技能人才培养模式，各地要高度重视现代学徒制试点工作，加大支持力度，大胆探索实践，着力构建现代学徒制培养体系，全面提升技术技能人才的培养能力和水平。

为拉近教育和产业的关系，2014年前后，"产教融合"开始浮出水面，成为政府倡导的处理教育和产业关系的关键词。产教融合是教育和生产劳动结合和产教结合在新时代的体现和升华，强调消除教育和产业的边界，

---

① 吴建设．高职教育推行现代化学徒制亟待解决的五大难题 [J]．高等教育研究，2014（7）：41-45.

② 关晶，石伟平．现代学徒制之"现代性"辨析 [J]．教育研究，2014（10）：97-102.

将教育和产业融为一体。2014 年,《国务院关于加快发展现代职业教育的决定》《现代职业教育体系建设规划(2014—2020 年)》相继提出:加快现代化职业教育体系建设,深化产教融合、校企合作,培养数以亿计的高素质劳动者和技术技能人才,为建设人力资源强国和创新型国家提供人才支撑。2015 年 10 月,《关于引导部分地方普通本科高校向应用型转变的指导意见》指出:以产教融合、校企合作为突破口,引导部分地方普通本科高校向应用型转变,把应用型高校的办学思路真正转到产教融合、校企合作上来。因此,深化产教融合成为地方普通本科高校向应用型转变的核心目标、关键途径和重要内容,也成为新常态下地方产业优化升级和经济社会发展的助推器。

2020 年 7 月 30 日,教育部办公厅、工业和信息化部办公厅联合发布《现代产业学院建设指南(试行)》,提出经过四年左右时间,以区域产业发展急需为牵引,面向行业特色鲜明、与产业联系紧密的高校,建设一批现代产业学院,培养适应和引领现代产业发展的高素质应用型、复合型、创新型人才,是高等教育支撑经济高质量发展的必然要求,也是推动高校分类发展、特色发展的重要举措。现代产业学院的建设目的是培养适应和引领现代产业发展的高素质应用型人才、复合型人才、创新型人才,以应用型高校为重点,在特色鲜明、与产业紧密联系的高校建设若干与地方政府、企业等多主体共建共管共享的产业学院。现代产业学院是高校与区域特色优势产业或产业集群共建的新型协同育人平台,以产业技术创新为牵引,以产业科技人才培养为核心任务,承担着人才培养、科学研究、技术创新、企业服务和学生创业等功能。现代产业学院已具备组织产业和专业属性,这些构成了现代产业学院的现代性本质内涵。现代产业学院设立的目的就是让教育适应产业发展。

4.2　高等教育领域的知识共享

4.2.1　知识社会中的高校变革

德鲁克（2009）认为组织是人为的环境，它是后资本主义社会中的"社会生态"，组织之间的同构性多于异质性①。按照德鲁克的观点，在后资本主义社会中，组织成为一种普遍的活动形式；事实恰好也论证了这一点，组织这种"社会生态"，在当前社会的地位不断提升，对社会发展的推动作用也越来越大。但是德鲁克作为以企业管理为中心话题的研究者，主要强调的还是市场中那些以营利为目的的组织；而在市场经济中，还存在很多政府和公共部门，以及其他非营利性组织，这些机构也通过利用组织这种社会生态结构，来实现某项社会职能。

第一位明确认识到组织在经营管理中的重要性的人物是切斯特·巴纳德（Chester I. Barnard），他提出了"组织化问题"的本质，即行动者将战略上追求的互相冲突的目标转换成了理性的合作系统。而德鲁克认为，组织是有特定目标的机构，它是一群专门人才基于一个共同任务而在一起工作的团体②。组织具有整合功能，它能够将专门知识整合起来，并生产出新的工作成果，所以德鲁克说"组织的功能是为了通过知识创造出工作成果"。为了达到这一目的，需要组织把知识运用到工作中，去改善工具、流程、产品等，还有工作与知识本身；所以一定要把不断地改变纳入组织结构当中，也要把创新安排到组织结构当中③。著名战略管理和经济学家戴维·蒂斯（David J. Teece）将组织视为资源和能力的集合。不同的组织拥有不同的资源，所以会有不同的产出，哪怕具有几乎相同资源的组织，也不

①②③　彼得·F. 德鲁克. 后资本主义社会 [M]. 傅振焜，译. 北京：东方出版社，2009.

一定会有同样的工作成果。这就涉及经营管理中的一个核心问题，那就是如何通过整合和利用这些资源，让其发挥最大功效。

德鲁克认为"要提高知识劳动者与服务劳动者的生产力，一定要选用合适的团队类型，否则再怎么做也没有用。选用合适的团队类型，本身并不保证生产力一定会增加，但选用不当，则势必会降低生产力"①。在知识经济的环境下，知识替代传统的土地和资本，成为生产资料和生产工具之后，推动了知识社会的形成，使知识社会出现了更多的知识工作者，他们所从事的知识工作不同于传统工作，见表4-1。

表4-1　传统工作和知识工作的区别

传统工作	知识工作
重复性工作	创新和关心
个人工作	团队工作
职能性工作	项目性工作
单一技能	多项技能
上司权力	顾客权力
上级协调	同事协调

资料来源：梁林梅，孙俊华. 知识管理 [M]. 北京：北京大学出版社，2011.

需要特别指出：知识工作与传统工作相比，更需要团队的合作，也就是组织的力量，即知识工作就是一种组织工作。所以，组织被德鲁克认为是后资本主义社会中普遍的"社会生态"。知识社会产生的影响有很多，从管理学角度来看，这场知识的应用革命引发了重大的社会变革，那就是知识管理革命。知识管理革命是全方位的。如前文所述，以知识为中心的管理理念、制度、模式及技术越来越完备，但是知识管理革命最突出的影响，在于其促成了组织的变革。有研究将前资本主义社会的组织定义为"传统

① 彼得·F. 德鲁克. 后资本主义社会 [M]. 傅振焜，译. 北京：东方出版社，2009.

型组织"，将知识社会背景下的后资本主义社会中的组织称为"知识型组织"，两者的不同之处见表4-2。

表4-2　传统型组织和知识型组织的区别

	传统型组织	知识型组织
战略	战略规划中没有将知识纳入考虑范围	知识优势是战略规划中的考虑重点
结构	中央集权、垂直功能分工	网络型组织、自主团队，激励团队协调合作
作业风格	命令式、指挥式、注重控制、消极反应	协调式、互动式、开明、积极主动、互相信任、充分授权
信息系统	功能式、孤岛式、本位主义，主要用来控制和监督绩效	整合式，充分利用内外部信息，流通顺畅的正式和非正式网络系统支持员工互动
员工	专注于个别、独立的知识领域	专业且有弹性、充分授权、公开互动的团队
技能	专注于某一技术、产品、任务的专业技能	富有灵活性、专业技能、重视创意及创新组合各种产品，产生强大的杠杆作用
价值观	个人英雄主义	分享、合作、互信、团队精神

资料来源：梁林梅、孙俊华. 知识管理［M］. 北京：北京大学出版社，2011.

与传统型组织相比，知识型组织更善于利用知识，甚至能创造新知识。有效的管理能够将知识运用于组织上，进而聚拢其他的资源，如土地、劳动力、资金等。虽然知识型组织中，员工更多表现为自主性，但通过良好的沟通与协作，知识型组织的员工一定会专注于自己的核心工作。

此外，德鲁克还认为在知识社会的组织中，信息开始使组织产生改变；以信息为基础的组织引进信息，会导致很多管理职位被取消①。这一点不无道理，知识型组织在结构上摒弃了传统型组织"中央集权、垂直管理"的窠臼，朝着扁平化方向发展，所以组织内的管理形式开始发生了改变，组织中的每个人都是从组织内部与外部接收信息展开工作的。从另一个角度来看，对于知识与服务工作而言，要提高生产力，就要不断把学习放进工

① 彼得·F. 德鲁克. 后资本主义社会［M］. 傅振焜，译. 北京：东方出版社，2009.

作与组织结构中。之所以要求员工不断学习知识，正是因为知识本身经常在改变。在后资本主义社会中，要改善生产力，组织就必须成为一种学习与教授的组织①。知识是不断更新的，而在信息科技出现较大改变的情况下，以信息为基础的组织成员就有"大力充电"的必要②。所以在知识社会中的组织管理中，组织成员的学习是必不可少的，这与彼得·圣吉（Peter M. Senge）在其《第五项修炼》一书中所构建的学习型组织也是遥相呼应的③。

4.2.2 地方高校中的知识资源

知识社会引起了知识管理革命，知识管理革命推动知识型组织的形成。在知识经济背景下，知识受到重视并被纳入资本范畴，成为最重要的生产资料和经济动力。知识资本是指能够让组织在创造价值的过程中取得收益的所有知识资源所构成的有机综合体，不管是营利性组织还是非营利性组织，必须能够很好地驾驭和利用好组织中的知识资本，才能提高组织效能④。从概念本义上讲，知识资本是不太符合地方高校的非营利性目的和非直接生产性质的，因为资本是生产资料的总称，即已拥有的资源，所以这里仅将地方高校的知识看作一种资源。

因为知识世界过于纷繁多样，并常常以不同的表现形式出现，所以早已有学者将知识进行分类研究。比较有影响力的是波拉尼（Polanyi）所提出的隐性知识和显性知识的二分法，波拉尼认为能用文字符号系统加以完整表述的称为显性知识，而不能系统表述的则被称为隐性知识。在之后的研究中，梁林梅和孙俊华（2011）认为人类知识体系中有80%为隐性知识。波拉尼所提出的"隐性知识"的概念，被称作是人类认识论上的第三次"哥白尼式革命"；此外，OECD为了便于经济分析而提出的 *Know What*；

①② 彼得·F. 德鲁克. 后资本主义社会［M］. 傅振焜，译. 北京：东方出版社，2009.

③ 彼得·圣吉. 第五项修炼：学习型组织的艺术与实践［M］. 张成林，译. 北京：中信出版社，2018.

④ 石艳. 教师知识共享的混合研究［M］. 北京：中国社会科学出版社，2020.

Know Why；*Know How*；*Know Who*，即"是什么""为什么""怎么做""是谁"四个方面，这一分类也被经济分析领域的学者们广泛接受和使用。

在上述分类中，有的从哲学认识论的角度对知识进行分析，有的则基于经济分析的需要。随着知识管理研究的展开，知识的分析成为研究的前提工作之一，所以也出现了一些管理学视角的分类。例如：理论知识和实践知识；个人知识和组织知识；组织内部知识和组织外部知识；战略性知识和非战略性知识等①。同前两者相比，管理学的知识分类可能在组织分析和规划中更具有针对性和实用性；当然，其他分类方式也可以用在企业知识的分析上，如野中郁次郎和竹内弘高就以波拉尼的隐性知识和显性知识的分类为前提，基于两者之间的互相转化来构建模型，并提出隐性知识才是企业知识创造的主要源泉。此外，还有研究者从知识的表现形式、编码化程度和独立性等特点出发，将其分为简单知识和复杂知识②。可以说，在高校管理实践中，以上介绍的每类知识都可以在地方高校的知识体系中找到。

以上所介绍的几种知识并不是截然分开的，而是彼此交错的，如个体知识中既包括显性知识，组织知识中亦是如此；再如战略知识中既有组织内部知识，也有组织外部知识。所以在对地方高校的知识资源进行分析时，也需要找一种分类作为主要维度，并在此基础上深入探讨。例如，在地方高校的知识资源中，从知识主体的角度来看，包括教师知识、学生知识、管理者知识，这样就可以将知识主体作为主轴线来进一步分析地方高校中的知识资源。

地方高校的知识资源中，首要的是教师知识。教师知识包括教师个体知识和教师集体知识，当前的地方高校教学研究制度中，最直接体现的就是这两种教师知识。教师的个体知识是教师职前教育和职后教育的教学实践所共同形成的结晶，而当前普遍流行的教研活动又使教师个体之间的知

---

① 梁林梅，孙俊华. 知识管理［M］. 北京：北京大学出版社，2011.
② 安世虎. 组织内部知识共享研究［D］. 天津大学博士学位论文，2005.

识得到交流、分享和融合，并形成教师的集体知识。此外，在教育教学实践中还有一种更为常见的分类方法，即将教师知识分为理论知识和实践知识。教师在入职前，必须要具备一定的教育教学理论知识、课程相关知识、教育和发展心理学相关理论以及计算机媒体知识和网络技术①；而这些知识所强调的便是教师知识构成中的理论知识或者是技术。这些知识一般是教师学习而来，而且这些知识能够用文字符号系统来表示，所以也可以看作是显性知识。而实践知识是一种从经验中获得的、隐藏于实践中的隐性知识，其内涵可以理解为支撑教学工作的技能。根据罗伯特·卡茨（Robert L. Katz）的观点，教师的技能也可以分为工艺型、情意型和观念型三个不同水平。

与教师知识相似的研究，还有从学科专业和教育教学角度对教师专业知识进行的分析。学科专业包括学科专业的隐性知识及其显性知识；教育教学方面的知识也是如此②。有关教育教学的实践知识是教师职业性和专业水平的集中体现，而隐性知识相比显性知识更具价值。所以，与实践知识密切相关的隐性知识管理才是教师知识管理的重点。有些研究甚至认为，高校的隐性知识就是教职工在工作中逐渐摸索出来的个人化的、未被分享的知识，这强调了教师知识，特别是教师个体知识和教师隐性知识在高校知识中的重要地位③。教师既是高校的被管理者，也是课堂和班级的管理者，所以教师知识的管理在高校知识管理中处于核心地位。

除教师知识以外，学生同样作为教学主体，其知识资源也存在并构成了高校的知识。然而，由于教师知识的权威性，学生知识往往被隐藏在教师知识之下；而且在教育管理中，学生知识往往被看作管理的对象，很少有研究讨论学生知识。但是从教师知识来看，学生知识往往又会对教师知

---

① 刘省权，项国雄，高国元. 教育领域的知识管理国内外现状与教育技术专业研究的新使命 [J]. 电化教育研究，2004（6）.

② 程志，范爱华. 促进教师专业隐性知识共享的知识管理策略研究 [J]. 国家教育行政学院学报，2008（5）.

③ 谭玉红，吴岩. 关于高校知识管理中的"知识地图"研究 [J]. 电化教育研究，2005 (3).

识产生影响，所以这部分知识结构也需要考虑在内①。

表面上看，地方高校的管理者所扮演的角色只是高校教育教学工作外在的目标守望者，他们主要的工作是指导地方高校履行教育主管部门的指令和条例；然而其作为管理者和被管理者自身的素质被忽视了②。地方高校的管理者虽然也擅长教育教学等业务性知识，但因其主要涉及的是高校管理方面的工作，所以从类型上来看，将管理知识分为高校的组织内部知识和组织外部知识，或者有关高校发展的战略性知识和非战略性知识等，更符合实际。

野中郁次郎提出了企业"源发场""互动场""网络场""练习场"等关于"场"的理论。其中，"互动场"中的个体之间通过相互交流、对话、讨论、分析，使个体的心智和技能转化为团体所共有的术语和概念，这一过程会让隐性知识变得更加明晰。同企业类似，地方高校中也存在"互动场"，更奇妙的是，高校的"互动场"还存在一种特殊的互动知识，即高校中的互动知识不仅是教师与管理者之间的互动，也包括教师与学生之间的互动。这两种互动都可以让教师的隐性知识逐渐显性化，而隐性知识的显性化恰好是隐性知识管理的第一步③。

4.3　产业领域的知识共享

4.3.1　产业的知识特征及其分类

产业是具有相互依赖关系的企业、政府、相关社会机构、民间团体之

---

① 石艳. 教师知识共享的混合研究 ［M］. 北京：中国社会科学出版社，2020.
② 毛亚庆. 知识管理与高校管理的创新 ［J］. 教育研究，2003 (6).
③ 谭玉红，吴岩. 关于高校知识管理中的"知识地图"研究 ［J］. 电化教育研究，2005 (3).

间基于成本节降、提高利润或是出于某种特定的原因，进行相互之间知识共享的产业集聚群体。产业突破了单一企业的边界，虽然存在特定区域中，但是产业内部甚至于外部企业之间的竞争和合作、相关机构与政府、民间等组织的互动活动频繁；在某种意义上说，其是该产业内产品的深度加工和产业链的不断延伸，是基于产业结构的不断优化和升级，产业知识从不同的视角进行切入有不同的分类。本书主要以第二产业、第三产业为研究对象，统称为科技型产业。

第一，从知识能否显著地被捕捉的角度，柯林斯简明词典认为产业知识具有显性知识、隐性知识和个人知识、共有知识三个维度。具体来说，显性知识又称外显知识、明晰知识，是对传播者而言能够明确表达与传播、对受众学习者而言能够明显自主学习的一类知识体。知识共享者可以通过口头说教、教科书本、报纸杂志和娱乐媒体、数据库管理等媒介发布与传播；知识汲取者也可以通过这些工具进行学习与提升，并促进知识的再传播。相对于显性知识而言，隐性知识是指不易被大众传播和学习的知识统称。因为隐性知识主要存在于个人头脑，其主要载体形式为个人，很难通过以上的媒介进行传播与共享①。

第二，从知识范围和空间的角度，顾丽敏（2016）将产业知识划分为内部知识与外部知识。内部知识是指产业内部企业组织之间所掌控的知识体，涵盖各种专利技术、研究报告、科研成果、注册商标等资本形态；外部知识是产业实体所不曾拥有的但是对产业有发展作用的各类知识。因此，为组织的长久发展计划，必须在保持内部交流的同时努力汲取外部知识，不断适应行业的发展变化②。

综合国内外学者研究，产业的知识大致具有网络性、复杂性、聚集性、共享性、空间黏滞性、根植社会性等特性。网络性是指产业内部各个企业组织之间构成的产业链，这种产业链就是一种知识结构体系，形成了一种

①② 顾丽敏. 产业集群知识共享研究——基于社会网络理论［M］. 北京：经济科学出版社，2016.

知识网络；此外，企业与产业外部的企业之间的共享（如技术交流知识共享会）也会形成产业外部的合作链，这些错综复杂的链条就构成了网络结构。产业的知识的复杂性是由于产业内部之间产业链的错综复杂而导致知识链条体系的复杂多变，尤其随着互联网等信息科技的不断强大，创新的空间和范围将不断被放大。聚集性是指具有相同或类似的知识积累形成的知识圈，并且产业的知识总是在基础知识之上遵循自身的路径不断增强。共享性是指知识使用上的不冲突性，正是由于共享性，产业中的知识才具有外溢效果，形成外部经济。空间黏滞性是指知识在产业内部或者之间流动的难易程度①。根植社会性②的特性使得产业内部的企业之间形成的知识深深地嵌入本地社会文化、生活习惯之中，从而形成其独特的优质资源③。

4.3.2　产业领域的知识转移和知识共享

4.3.2.1　产业领域的知识转移

戴维·蒂斯（2006）认为，知识转移就是在技术转移的环境下，企业积累大量跨企业边界的应用性知识的过程④。Tsai（2002）认为产业内部成员企业比较容易获得知识共享的"权限"，其他内部企业在传递知识信息时的意愿和能力相对于产业外部企业而言较强，从而能够实现企业预测的合作可行性，从这种程度上说，某种空间上的集聚性可以鼓励企业之间进行知识转移⑤。

第一，关于产业领域知识转移的定义。狄克逊（Dixon，2000）认为组

---

① 顾丽敏. 产业集群知识共享研究——基于社会网络理论 [M]. 北京：经济科学出版社，2016.

② 格兰诺维特率先引入了根植性（Embeddedness），指出经济行为是根植于社会构筑的社会网络与社会制度，并且个人所拥有的隐性知识难以科技手段进行编码获取，因此只能通过面对面的交流分享与传播。

③ 王荣欣. 从关系嵌入性走向制度分析的新经济社会学——评格兰诺维特新著《社会与经济：框架与原理》[J]. 实证社会科学. 2021（12）.

④ Teece D J, Chesbrough H, Birkinshaw J, Teubal M. Introduction to the Research Policy 20th Anniversary Special Issue of the Publication of "Profiting from Innovation" [J]. Research Policy, 2006 (8).

⑤ 弱水三千取此饮——简评马汀·奇达夫和蔡文彬力作《社会网络与组织》[J]. 成功营销，2007 (4)：119.

织内部知识转移就是将组织内部一方知识广泛地应用于组织内部另一方的
过程。Kogut 和 Zander（1992）认为企业知识转移的意愿和能力是企业生存
发展的一个关键指标，因此在知识转移过程之中会间接地促进产业内部企
业迅速地吸收相关知识并有效利用这方面的知识，使组织获得相对核心的
竞争优势。也有学者认为知识转移是组织内部甚至是跨越组织边界的知识
共享，是不同组织之间的一种有目标、有计划、有针对性的知识共享（Szu-
lanski，1996）。谭大鹏等（2005）考虑到情境因素的作用，基于知识转移
的流程角度认为其就是在特定环境中从传播者引入汲取者的行动方式。董
小英（2004）则基于知识扩展和增值价值的角度认为其就是将经过实践检
验的正确的知识或是技能应用于社会环境之中，以便提高知识的产出和应
用实效的过程。

第二，产业领域知识转移的研究现状。有学者认为企业组织或是个体
之间的知识转移会在彼此信任度不佳的情形之下受到阻碍，甚至造成传播
无效。反之，信任度较强会导致知识转移的高效并获得更多的转移机会。
魏江和 Mark Boden（2004）从分析产业的不同层次流程的学习机制入手，
发掘了产业内部知识溢出作用以及知识密集型产业的创新理论。杨茜和王
颖（2015）基于社会网络结构和关系维度的视角，分析了网络特征对于知
识转移产生相应作用力。白晔和蒋贵凰（2016）通过对知识转移方式的研
究，从知识特性、转移意愿、传授能力、知识距离、吸收能力和知识转移
机制等方面对企业内部知识转移的影响因素进行了分析。

4.3.2.2 产业领域的知识共享

产业内部企业的知识共享能够促进产业的创新、科研技术、管理经验、
生产工艺等传播与学习，并依此使产业集群获得强大的竞争能力和规模效
应（如节约成本、提高创新力），是决定产业在关键时候成功与否的重要因
素之一。

产业中企业彼此之间的相互知识交流活动往往附着于基于产业链上下
游协作的供应关系，基于价值链的交易关系，基于地理毗邻和社会亲缘的

社会关系，基于竞争与合作的动态联盟关系等（喻登科和周荣，2015），形成纵横交错的知识网络体系。知识的上下游界限并不如产业链条那样明朗，然而知识的分享交流必然形成不同的知识管理活动。不同的组织间知识共享的行为方式有所差异，产业内部企业之间的知识共享正是发生在企业组织之间知识传递和交流的行动之中。知识获取是产业知识链条的开端，它是指产业内部其他企业组织、科研机构、个人之间寻求知识的交流。企业组织之间的交流活动既有基于不同专利、知识产权、法律援助等无形资产的显性知识，又有通过企业员工在日常工作经验中集聚而成的技术创新、操作技能等隐性知识。但是，不论是企业组织之间的显性知识，还是个人之间形成的隐性知识，都需要转化为员工的心智内容，这样才能为接受知识的企业创造更大的效益。正如外国学者常认为的：为了提升产业集群的整体竞争力、正确认识集群内部知识共享的制约因素，必须通过知识管理等科学方法与手段，实现产业集群的知识资源的有效整合和利用，加快集群内的知识共享进程，提高集群内的知识共享效率。其实现路径，具体说来：第一，有利于产业集群适应不断变化的外部竞争环境。第二，有利于产业创新活动开展。知识获取既包含了知识的内部化过程，也包含了知识的外部化过程[①]。

---

① 顾丽敏. 产业集群知识共享研究——基于社会网络理论 [M]. 北京：经济科学出版社，2016.

第5章　合作的动因、机制与
产学合作的困境分析

5.1　合作的动因

　　合作是生命进化的重要动力，并贯穿一切生命活动之中。合作是人类社会的普遍现象，即构筑人类一切文明的深层基础；从人类社会产生到现在，人类一直在探索如何更好地合作，并自主构建和自发形成了许多可以促进人类合作的方法和理论。有证据表明，古代猿人或早期人类选择直立行走的原因之一，在于直立的上肢方便它们展示自己的肌肉力量并借助"手势"沟通，从而有助于降低相互威胁或处理冲突的信息成本，增加相互合作发展的概率①。在人类社会初期，人们便探索形成了以合作的方式进行采集狩猎、分配产品、侵略或抵御侵略的方法——如劳动分工、创造语言符号以及建立氏族、军队等组织。在人类文明的演进历程中，越来越多的有关合作的思想及理论逐渐萌发并涌现出来。

　　合作对于个人、群体、组织及整个人类社会均具有重大价值，人与人

---

① 王覃刚. 演化经济学中的社会合作的起源问题 [J]. 经济研究导论, 2010 (16)：3-7.

之间广泛存在的形式多样的合作是任何人类文明得以产生并存续的基础。因为单个人的力量是有限的，合作可以实现个体无法实现的目标，合作可以降低人类生产生活的生产成本和交易成本。战国时期的思想家荀子曾言"人力不若牛，走不若马，牛马为用，何也？人能群，而彼不能群也"。1651 年，霍布斯在其中言明：要想让人类从相互争斗中走向相互合作，必须建立国家。1776 年，亚当·斯密在《国富论》中指出，在文明社会中，人们处处需要他人的合作与帮助，这种合作主要通过市场交换进行，劳动分工也由此而产生。随着社会科学的独立与发展，一批从事经济学、管理学、社会学、政治学、法学等学科研究的学者，对人类的合作行为进行更加广泛的探索与分析。20 世纪以来，博弈论的兴起揭开了合作研究的新篇章。博弈论被广泛应用于解决小到个人冲突，大到国际合作的诸多领域。

"合作"是一个非常宽泛的概念，它涵盖了个人、团体、组织、国家等实体之间为达成共同目标或实现共同利益而进行的相互协作和共同努力。合作可以带来许多好处，如资源共享、优势互补、风险分担、提高效率和创新等；合作也可以生产更多更好的产品和服务，通过分工、交换、专业化、发挥比较优势、规模经济、范围经济等方式提高生产效率，产生合作剩余或合作红利；合作还可以让人温暖彼此，享受因交往、关心、分享等带来的愉悦和幸福，甚至体验因背叛、矛盾等引起的失落、痛苦和悔恨。合作也是理解人类行为及其集体行动乃至整个社会的经济基础和上层建筑的重要线索，因为无论是个人的心理状态及其行为选择，还是人与人之间社会关系的建立、调试与维系，都与合作有着千丝万缕的关系①。

为什么要合作？直观来看，合作的直接动因是分享合作剩余。所谓合作剩余是人与人之间通过合作所产生的收益减去人与人之间不合作所产生的收益的余额，或者说是合作相比不合作所能带来的好处。从深层次的人性角度看，假定人的行为总体上是理性选择的结果，那么人之所以选择合

---

① 陈星. 应用型高校产教融合动力研究［M］. 北京：中国社会科学出版社，2020.

作，无非有三个原因：为自己谋幸福（或曰利己），为他人谋幸福（或曰利他），或两者兼而有之①。

5.1.1 利己：为自己谋幸福

利己之心人皆有之。司马迁在《史记·货殖列传》中有言"天下熙熙，皆为利来；天下攘攘，皆为利往"。亚当·斯密在《道德情操论》(The Theory of Moral Sentiments，TMS) 中指出，人是自私自利的。他写道"我们并不轻易怀疑某人缺乏私心。缺乏私心并不属于我们通常对人产生猜疑的原因之一。然而，如果某个人不是为了家庭和朋友的缘故，却不爱护自己的健康、生命或财产，不去做本来只是自我保护的本能就足以促使他去做的事，那么这无疑是一个缺点，虽然说这是某种可爱的缺点。它把一个人变成与其说是轻视或憎恨的对象不如说是可怜的对象。但是，这种缺点还是多少有损于他的尊严和他那品质中令人尊重的地方的。满不在乎和不节俭的品质，一般不为人接受，并不是由于它讨人怜悯，而是由于它缺乏对自己利益的恰当关心"②。马克思指出：一切人类生存及一切历史的第一前提就是人们为了能够"创造历史"，必须能够生活。但是为了生活，首先就需要衣、食、住以及其他东西③。弗里德曼（Milton Friedman）强调：人们对私利（自身利益）的追求是人类形成合作关系并建立起复杂社会结构的主要力量。到那时，私利并不是一些人所理解的"经济人"——仅对金钱刺激有反应的计算机器，不是缺乏远见的自私自利，或仅关注直接的物质回报。凡是人们感兴趣的，凡是人们所珍爱的，凡是人们所追求的，都是私利④。张维迎指出"人的本性是，从古至今，每个人都是追求幸福的（或者

---

① 陈星. 应用型高校产教融合动力研究 [M]. 北京：中国社会科学出版社，2020.

② 亚当·斯密. 道德情操论 [M]. 蒋自强，钦北愚，朱钟棣，等译. 北京：商务印书馆，2020.

③ 卡尔·马克思，弗里德里希·恩格斯. 马克思恩格斯选集（第 1 卷）[M]. 中共中央马克思恩格斯列宁斯大林著作编译局，译. 北京：人民出版社，1972.

④ 弗里德曼. 自由选择 [M]. 张琦，译. 北京：机械工业出版社，2008.

是自我为中心的、自私的），尽管不同的人对幸福的理解不一样"①。英国学者理查德·道金斯（Richard Dawkins）在其著作《自私的基因》中指出：在长期的自然竞争和社会竞争中，生命体将自私内化到了自己的基因中；包括人类在内的形形色色的生命形式，都是由基因所创造用来延续它们自己的生存、繁衍的机器，这种"自私的机器的程序编制就是为了完成对它作为一个整体的全部基因来说是最有益的任何事情"②。

一个普遍的现实约束是，资源是稀缺的。人要生活，必须让稀缺的资源为己所用，因此一个活生生的人必须首先是利己的，否则他应该将稀缺资源奉献给他人。从纯逻辑的角度看，人可能是极端利己的，却不可能是极端利他的。然而，事实上，人并不处于这两个极端。人不可避免地是自私的或者以自我为中心的。一方面，个人的时间、精力和能力有限，只能"寄蜉蝣于天地，渺沧海之一粟"，以自己为中心，接触有限的世界，形成有限的知识，改变有限的事物；另一方面，更为根本的是，内在于个人身体内的自我意识的存在是人生存发展以及认识世界和改造世界的前提，任何事物必须与自我意识建立联系或者交互作用才能对个人的认识与行为造成影响，而这种自我意识最基本的特征就是自我中心。自我中心，即只有自己最了解自己的感受、最关心自己的福祉，个人总是从自己的好恶、知识和经验出发去形成关于世界的认识和改造世界的行为③。

追求私利是人类，尤其是陌生人之间进行大范围合作最为重要的动力。个人寻求合作主要是为了更好地获取自己生存与发展的资源，实现自己的目标，让自己过上幸福的生活。在经济活动中，企业家为了利润创办企业，工人为了工资被雇用，消费者为了自己的幸福购买企业的产品与服务，居民为了获得利息将钱存进银行，银行为获利将钱借贷给企业或个人……人们为了自己的幸福，不断地进行生产、交换、分配和消费，如此循环往复，

① 张维迎. 市场的逻辑（增订版）[M]. 上海：上海人民出版社，2012.
② 理查德·道金斯. 自私的基因 [M]. 卢允中，张岱云，译. 北京：科学出版社，1981.
③ 陈星. 应用型高校产教融合动力研究 [M]. 北京：中国社会科学出版社，2020.

整个经济才得以顺利运行。在教育活动中，学生为追求自己的幸福（可能是能力提升、就业或精神需求）来求学，教师为追求个人幸福（可能是教育理想、工资或工作稳定）来教书育人，个人或组织为追求自己的幸福（可能是利润或社会利益）来创办高校，高校教育才得以产生和延续①。

对于合作而言，利己之心既有好的一面，也有坏的一面。一方面，利己是许多合作成功开展的基础，"以自利为目的的谈判（或交易）具有双方同意的均衡点，而以利他为目的的谈判则永不存在能使双方都同意的均衡点"。② 换言之，如果每个人都是利他的，在市场交易中，卖方会追求最低价格，而买方会追求最高价格，双方永远都不可能交易。另一方面，利己是许多合作失败的重要缘由。因为追求自己利益的最大化，过分关注眼前利益和个人得失，或者总是将合作者判定为绝对利己的（缺乏信任），很多合作就不会出现。

5.1.2 利他：为他人谋幸福

人在自私的同时，也有利他之心。马克思主义哲学认为社会存在决定社会意识，社会意识对社会存在具有反作用。社会意识对社会存在的作用表现为两个方面：一是社会意识真实地反映（适应）社会存在，会对社会存在的发展起推动作用；二是社会意识歪曲反映（背离）社会存在，就会阻碍社会存在的正常发展。利他主义作为一种社会意识，也在很大程度上对社会的发展产生着不可忽视的影响③。中国的传统哲学思想中很早就有利他思想，孟子云"恻隐之心，人皆有之"。看见别人甚至是某些动物的不幸，人可以或多或少地感同身受，产生怜悯之心。

亚当·斯密在《道德情操论》中这样写道"无论人们认为某人怎样自私，这个人的天赋中总是明显地存在着这样一些本性，这些本性使他关心

① 陈星. 应用型高校产教融合动力研究［M］. 北京：中国社会科学出版社，2020.
② 茅于轼. 中国人的道德前景（第3版）［M］. 广州：暨南大学出版社，2008.
③ 刘德胜. 利他主义浅析［EB/OL］. https：//wenku. baidu. com/view/6d750057011ca300a6c39083. html.

别人的命运，把别人的幸福看成是自己的事情，虽然他除了看到别人幸福而感到高兴以外一无所得。这种本性就是怜悯或同情，就是当我们看到或逼真地想象到他人的不幸遭遇时所产生的感情"。然而，同情心的强弱是随着人际关系的亲疏远近而显著变化的。亚当·斯密还指出：对于人性中的那些自私而又原始的激情来说，我们自己的毫厘之得失，会显得比另一个和我们没有特殊关系的人的最高利益重要得多，会激起某种更为激昂的高兴或悲伤，会引出某种更为强烈的渴望和嫌恶①。换言之，满足自己的同情心，也是自私的一种表现。在亚当·斯密看来，人性结构中，首先，人是自私自利的，而根本不懂得利己的人不仅是罕见的，而且也是不受欢迎的。其次，人又是具有同情的天性的，周围的人的痛苦和快乐，会根据远近亲疏，不同程度地转化为自身的痛苦和快乐。这样，一个始终以自私为依归的人，就会在两个不同领域内，采取两种不同的策略，来谋求个人幸福的最大化！在私人领域，人们乐意为亲情和友谊作投资，因为这更有利于满足其同情心；而在公共领域，由于人与人距离增大，同情心显著削弱，人们就只能在产权保护下，以非交际的方式，通过从事贮藏、分工、装配、交易和运输等活动来改善生活。即使有人愿意行善，那么在他提供的钱财或服务以外，其他环节也还是得以公共领域的规则办理。此外，亚当·斯密在《国富论》中写道"一个人尽毕生之力，亦难博得几个人的好感，而他在文明社会中，随时有取得多数人的协作和援助的必要。别的动物，一达到壮年期，几乎全都能够独立，自然状态下，不需要其他动物的援助。但人类几乎随时随地都需要同胞的协助，要想仅仅依赖他人的恩惠，那是一定不行的"。② 社会生物学的奠基人威尔逊（Welson，E.）认为：最为精致的社会组织形式，不管表面如何，实际上都是为个体福利服务的工具。人类社会中，似乎只有对最亲近的亲属的利他行为才是无条件的，其他利

---

① 亚当·斯密. 道德情操论［M］. 蒋自强，钦北愚，朱钟棣，等译. 北京：商务印书馆，2020.

② 亚当·斯密. 国富论［M］. 郭大力，王亚南，译. 北京：商务印书馆，2023.

他行为都是有条件的，即属于互惠的、有报酬的互惠利他行为①。假如没有人有利他心，理性的个人为最大化获取稀缺资源很可能走向背叛或不合作，人与人之间的合作甚至人类社会将化为泡影；反之，人类之所以能够广泛合作并形成社会，不仅仅是因为自私，还在于我们有利他之心②。

在社会心理学的范畴内，利他行为的定义是：个人所作出的行为对他人是有利的，而对自己则并没有明显的利益；或者是一种无私的行为，只是为了他人的利益。从一个更大的范畴考虑利他行为，就必须要从社会这个生活群体入手。社会关系随着人类的不断发展变得复杂和绵密，出现的各种社会关系会让人们产生一种相互依赖与信任的需求，于是这种相互协作的社会集团模式就造就了人与人之间的相互利益关系，归结到人的最根本关系——与人的最变通关系。因而，在社会心理学的文献中，与利他行为相近的术语还有"助人行为""亲社会行为"等。人类亲社会行为有各种不同的表现方式，从一般性的有益他人的行为到做出自我牺牲。通常，社会心理学家把亲社会行为分为两大类：一类是不期待外来酬赏，给他人带来利益，自发自愿，自动自选进行的行为，通常称为利他主义行为（简称利他行为）；另一类亲社会行为被称为"助人行为"，助人行为也以利他为目的。在助人行为中，由于助人者的动机不同，其表现形式也不尽相同：有的是回报性行为，有的是补偿性行为。利他行为和助人行为虽然表现方式不同，但有一个共同之处——都是为了使他人获得利益或予人方便③。

因此，利他也是人类合作的重要动力之一。Sally（2001）指出，人与人之间同情共感的距离越近，合作就越容易出现。在面对面的博弈、朋友间的博弈和博弈参与者中发现他们之间的某些相似性之后的博弈中，个体倾向于选择主动合作。尤查·本科勒指出，人类天生具有同情能力，有时

① 威尔逊. 社会生物学：新的综合 [M]. 阳河清，编译. 成都：四川人民出版社，1985.
② 陈星. 应用型高校产教融合动力研究 [M]. 北京：中国社会科学出版社，2020.
③ 刘德胜. 利他主义浅析 [EB/OL]. https：//wenku. baidu. com/view/6d750057011ca300a6c39083. html.

宁愿放弃自身的利益也愿意帮助别人。沟通和信息传递有助于形成同情和群体认同，增加人类的合作倾向；很多时候，博弈参与人仅知道跟自己类似的人博弈，就足以激发他们的同情反应并保持合作的态度，即使没有沟通、没有行为规范、没有惩罚、没有奖励，也不存在诸如此类的其他刺激合作的因素。Bowles 和 Gintis（2004）通过计算机仿真研究表明，一个完全自私的人类族群，无法建立起稳定的合作秩序，最终会趋于灭亡。人类之所以能建立比较稳定的合作秩序，依靠的是一种强互惠行为（Strong Reciprocity）。所谓强互惠行为，就是在一个群体内，我首先和别人合作，如果对方背叛合作，哪怕这种背叛不是针对我，我也要进行惩罚，甚至不惜付出个人成本①。另一项研究表明：利他惩罚（Altruistic Punishment）是人类合作演化的一个决定因素，这种需要个体付出代价同时可以给别的个体带来利益的惩罚有其神经元基础（或自激励机制）。许多人自愿为违反社会规范的人支付成本（如非法律意义上的个人制裁），因为他们可以从惩罚违规者这一行为本身中获得满足。在惩罚违规者的过程中，惩罚者脑部的尾核区出现了高度兴奋，让个体获得了较高的预期满意程度②。博弈论的一些博弈模型试验，如礼物交换博弈、信任博弈、公共品博弈等，均表明人类具有利他精神，这种利他精神导致的人类合作效果远远超出了基于追求自身利益最大化的预期结果。

利他导致的合作在人类社会中广泛存在。在一般情况下出现的利他行为，如在公共汽车上让座、主动打扫公共卫生、为残疾人服务等，这些利他行为通常是利人不损己的；在紧急情况下的利他行为，往往会带来对自己不利的结果，使利人者自身蒙受某种损失或伤害，如舍身救人、与歹徒搏斗等，有时行为者甚至要做出自我牺牲。例如：历史上，为民族独立和国家安定付出生命代价的仁人志士不计其数；一些教师放弃城市中优越的

---

① Bowles S, Gintis H. The Evolution of Strong Reciprocity：Cooperation in Heterogeneous Populations [J]. Theoretical Population Biology, 2004（1）：17-28.

② De Quervain Dominique J F. Fischbacher Urs Treyer Valerie Schellhammer Melanie Schnyder Ulrich Buck Alfred Fehr Ernst. The neural basis of Altruistic Punishment [J]. Science, 2004：1254-1258.

条件，甘愿到贫困山区教书育人；一些教师为学生呕心沥血，不惜累倒在讲台上；等等。社会道德多倡导人们去利他。我们传统的儒家文化也倡导"君子要成人之美"惩恶扬善。

探索建立基于利他性的社会合作体系是未来社会发展的重要方向。利他是人的天性，尽管并不是任何人在任何时候都能做到这一点。我们周围的观念、现象和我们自己的经验，经常让我们感觉人都是自私的[①]。事实可能并非如此。本科勒指出，很多人坚持"人是自私的动物"这个让人不舒服的观点有四个原因：第一，关于人的利己主义假设是部分正确的，有少数人总是自私的；第二，从历史上看，自私和自利观念太深入人心了，自然竞争、市场经济、科学管理等背后的人性自私假设，在近一个世纪以来逐渐成为人类行为科学理论中的主流；第三，对于自身以及所生活的世界，我们希望给出简单而清晰的解释，即使这些简单的解释是错误的；第四，习惯的力量让我们的感觉与思考偏离了正确的轨道，习惯强化了关于人性的错误信念和思考方式[②]。

事实上，人类是有道德、有情感、有同情心的社会性动物，而非自私的野兽。人们经常会做出利他行为，例如教育孩子向善、关心帮助弱势人群、鄙视和惩罚自私者……如前文所述，很多利他行为是纯粹的，并不追求回报，采取这种利他行为的意愿和行为能直接带来快乐。若把人设想成自私的，试图通过物质奖励、经济惩罚和严格监督来促使人们合作，往往会对人们的合作意愿产生不利影响。因此，如何重新认识人的利他性，并据此在适当的范围内建立人与人相互合作的组织、制度体系和社会，帮助更多的人展现出无私的一面，是一项新奇而富有挑战的课题。

5.1.3 利己与利他

大多数时候，人们选择合作往往是出于利己与利他相结合的考虑。很

① 陈星.应用型高校产教融合动力研究［M］.北京：中国社会科学出版社，2020.
② 尤查·本科勒.合作的财富［M］.简学，译.杭州：浙江人民出版社，2018.

多利他行为的初衷可能是源于利己的动机。根据前文的分析，人类不仅仅有自利的一面，还有设身处地为他人着想的一面。在中国传统理念中，人的行为是情、理、法三位一体共同影响的结果。理和法是指事物的规律和规则，主要反映人的自私；情不仅反映人与人之间的私情，还反映人的同情心和利他倾向的感情。例如很多企业家，创办企业一方面是为了挣钱，另一方面也承担了一定的社会责任。例如，有些企业进行捐赠，初始动机可能是为了制造广告效应，但是实际行为也带来了一定的利他性；有的人"舍"，也许是为了更大的"得"。

因此，人是利己和利他的综合体，在这个综合体中存在的利己因素大于利他因素。英国学者霍尔丹（Haldane）认为，父母照顾孩子是为了保护自己的基因，带有同样基因的近亲属才更有可能向对方伸出援手。英国著名生物学家比尔·汉密尔顿（Bill Hamilton）对霍尔丹的观点提出了内含适应性理论：像蚂蚁、蜜蜂这种社会性昆虫的高度合作行为之所以能够实现进化，是因为合作行为能实现基因传递的自私目的。从基因的演化来看，不利己，基因无法复制自己；不利他，基因群就会在与其他基因群的竞争中落败。从现实来看，人既是个体的动物性人，也是群体的社会性人；因此既会受利己心驱使，努力追求自己的幸福，也会受利他性驱使，努力追求所在群体的幸福。同时，人类的历史明确表明：人是以自我为中心的，多数人在多数的时候倾向于追求自己的幸福。也正因如此，在人类社会的长期演化中，人们通过道德、教育、宗教、传统等手段渐渐将利他精神植入人类的生产生活之中，养成人的利他精神和羞耻之心，通过一系列外在约束条件激励和监督人采取利他行为。

5.2　合作的机制

马丁·诺瓦克和罗杰·海菲尔德在其《超级合作者》中从生物动力学

的角度提出，人类合作的机制分为直接互惠、间接互惠、空间博弈、群体选择和亲缘选择五种方式。本书结合社会学和经济学，提出市场交易合作、领导因素合作、团队协商合作以及基于上述三种方式的混合式合作。

5.2.1 市场交易合作

市场交易是指买卖双方在特定场所以货币为媒介进行交换的行为。在市场交易过程中，买卖双方在自愿的基础上进行交易。市场合作是指在市场交易的基础上，买卖双方通过互助和合作实现共同利益的行为。市场交易是指买卖双方在市场上进行货物或服务的交换活动，市场合作则强调的是买卖双方在交易过程中的互助与合作。在现代社会，市场交易与市场合作是经济活动中不可或缺的两个环节。

市场交易具有自愿性和双方利益性等特点，因此市场交易的两大法则是自利和自愿。一旦合作有利于满足个体的私利，根本不需要借助任何外力，人们就会自愿选择相互合作，通过交换让每个人生活得更好。而且，个人追求私利所带来的社会利益的促进，常常比他主动去促进的效果更好。

市场合作机制是人类社会自发生成的最为"神奇"的合作方式，最早由古典经济学家亚当·斯密提出。亚当·斯密在《国富论》中系统分析了市场为什么能把追求私利的个人和人类进行生产生活所必需的广泛合作结合起来。他认为，在文明社会中，人们首先要满足自己的衣食住行等基本需求，但是要满足这些需求仅仅靠自己的努力或者靠别人的恩惠是不可能的，人与人之间必然要进行合作。人与人之间的合作通常是通过契约、交换和买卖等行为来进行的，即市场交换。人们之所以自愿进行市场交换，是因为市场交换给所有当事人带来好处，即市场交换是一个双赢或者多赢的活动。因此，市场交换是人类普遍的、特有的倾向，社会分工最初也由此而来。市场交换促进了社会分工和专业化。分工和专业化使每个人的绝对优势和相对优势得到发挥，并推动技术进步，从而使社会总的生产可行性边界向外移动，每个人都可以消费更多的产品。相反，倘若没有交换行为，人们必须要亲自生产各种生活必需品，人与人之间花费相同的时间和精力，重复完成相同的劳动；此时，分工和专业化所带来的生产力水平的改进是不复存在的，国民财富的增长也不可能实现。就这样，市场神奇地将个人的私利和人与人之间的合作整合为一个循环促进的、推动人类财富及人类文明持续发展的复杂系统。通过分析市场在促进人类合作中的作用，亚当·斯密认为应该限制政府职能，采取自由放任的经济政策，让市场这只"看不见的手"引导追求私利的个体的行为结果去增进整个社会的福利①。

20 世纪 30 年代的凯恩斯主义时代遭遇了经济大萧条，市场合作机制遭遇了严重的信任危机。20 世纪 70 年代以来，在重拾亚当·斯密自由市场思想和传承弗里德里奇·哈耶克（F. A. Hayek）自发合作秩序理念的基础上，以弗里德曼、布坎南（James M. Buchanan，Jr.）、卢卡斯（Robert E. Lucas，Jr）等为代表的主张最大限度地发挥市场作用的新自由主义——在反对政府过度干预的同时主张经济的自由化、私有化、市场化和全球化——开始席卷全球，成为影响多数国家政治经济体制改革走向的重要力量②。

奥地利裔英国经济学家弗里德里奇·哈耶克首先根据其老师米塞斯的《货币和信用理论》（*The Theory of Money and Credit*），详尽地分析了资本合作的技术问题及信贷政策的制度性细节。其次在其著作《个人主义与经济秩序》中提到：市场不是人类精心设计的结果，而是一种自发生成的合作秩序，这种人类偶然发现的未经理解便学会利用的秩序是人类社会最伟大的功绩，它可以促使个人不用别人吩咐和掌握大量知识就能令人满意地合作或行事③。弗里德曼也指出：社会组织的基本问题就是如何进行合作，市场机制是把个人自由和社会合作结合的最好方法。个人起初是自由的，并且是追求自由的；自由可以让个人获得幸福。自由包括经济自由、政治自

①　亚当·斯密. 国富论［M］. 郭大力，王亚南，译. 北京：商务印书馆，2023.
②　陈星. 应用型高校产教融合动力研究［M］. 北京：中国社会科学出版社，2020.
③　弗里德里奇·哈耶克. 个人主义与经济秩序［M］. 贾湛，文跃然，译. 上海：上海人民出版社，2003.

由等，也是人类社会发展最为重要的动力，因为自由意味着追求、创造、多样性等。要把人与人之间普遍的依存与合作关系和个人自由结合起来，有两种基本的方法：一种是使用军队和现代集权主义国家等强制手段的中央指令方法，而另一种则是市场的方法①。市场通过双方都可以从中获利的自愿交换，而非强制手段，就可以使用自由的方式达到合作的目的，从而实现个人自由与社会合作的统一；反之，若使用强制性的方法则会违背人的正当意愿，其结果只能是事与愿违或事半功倍。此外，弗里德曼还指出：市场的核心机制是个人为了追求自身利益而自愿交换和相互合作进而在人类生活中自发建立其错综复杂的结构，这也不仅适用于经济领域。例如语言的产生、科学知识的生产，以及一个社会的价值观、文化、习俗的形成等，并非通过强制指令而产生的，而是通过无数个人经过市场机制的作用自愿合作发展起来的，通过自愿的交换和自发的协作成长起来，也是通过不断的试错过程及接纳和拒绝的过程演化而来的复杂结构体系②。

在当今社会，市场合作机制是经济发展中不可或缺的重要方面。市场合作是指各个利益相关者之间的合作和协调，以实现共同的目标和利益。市场合作机制是社会秩序的基石，通过合作与协调促进资源的优化配置和经济的协调发展，促进社会各方的共同利益和发展，实现互利互惠的合作，提高效率和效益。市场合作机制主要包括供求机制、竞争机制、价格机制、利益机制和风险机制。基于私利的自愿交换和不受强力控制的自由竞争是市场合作的基础③。市场合作的基本逻辑是"如果一个人想要得到幸福，他必须首先使别人幸福"④。在市场合作中，每个人都可以自主决策、自由选择，并对自己的行为负责，这样市场机制才能引导人们通过更好地利人来利己，最终达成更好的合作。市场合作机制不仅适用于企业之间的合作，也适用于企业与政府、企业与员工、企业与消费者之间的合作。例如，企

---

① 弗里德曼. 资本主义与自由 [M]. 张瑞玉，译. 北京：商务印书馆，1986.
② 弗里德曼. 自由选择 [M]. 张琦，译. 北京：机械工业出版社，2008.
③ 陈星. 应用型高校产教融合动力研究 [M]. 北京：中国社会科学出版社，2020.
④ 张维迎. 市场的逻辑（增订版）[M]. 上海：上海人民出版社，2012.

业与政府之间的合作可以促进政策的制定和落实，为企业提供更好的发展
环境和条件；企业与员工之间的合作可以建立和谐的劳资关系，促进企业
的稳定和发展；而企业与消费者之间的合作则是满足消费者需求和提高产
品质量的基础。此外，市场合作机制还促进了社会公益事业和社会责任的
实现。企业通过参与公益活动和社会责任项目，回馈社会并提升企业形象
和声誉。市场合作也可以促进资源的共享和互助，使弱势群体获得更多的
帮助和支持。

　　市场是最能提高人类社会合作效率的机制。但是，市场也不是绝对
完美的，市场合作有时无法保证合作的机会公平或合作的剩余的分享公
平，要容忍一定程度的合作失败。在市场交换合作中，合作绩效受制于
交易成本，包括在交易过程中因寻求交易对象、讨价还价、签订完善契
约并监督契约实施等所耗费的费用。如果市场交易合作的边际交易成本
超过组织的边际管理成本，合作就可能"逃离"市场，在组织内部
产生①。

5.2.2　领导因素合作

　　领导因素合作是指服从某一权力拥有者的安排而进行的合作，主要包
括政府权威主导的社会合作和组织内部的依靠管理者进行的权威合作。政
府实际上是一种相对特殊的组织，它可以凌驾于其他组织之上对其管理或
治理下的个人、组织及社会的多方面活动进行干预②。

5.2.2.1　政府权威主导的社会合作

　　霍布斯、洛克、卢梭、孟德斯鸠、马克思、恩格斯、列宁、斯大林、
兰格、凯恩斯等学者都对政府合作机制进行过研究。霍布斯认为"人类如
果要建立起一种对外可以抵御外来侵犯，对内可以制止相互伤害，并保障
人们可以通过自己的劳动而丰衣足食的共同权力，必须把大家的权力和力

量托付给某一个人或集体（政府）"。① 洛克认为，人类最初处于一种完全自由、平等的自然状态，个人不受任何人支配，旨在维护和平和保卫全人类的自然法在自然状态中起支配作用②。但是，自然状态存在许多缺陷：缺少一种既定的、稳定的、人所共知的法律，作为人们共同的是非标准和裁判人们之间一切纠纷的共同尺度；缺少一个有权依照既定法律来裁判一切纠纷的权威和公正的裁判者，使法律得到应有的执行。出于个人为了更好地保护自身及自己的自由和财产动机，人们要主动放弃他们在自然状态中所享有的平等、自由和执行权，把它们交给国家，组建政治社会③。随后，卢梭、孟德斯鸠等从提供秩序、保护财产、生命和自由等方面论证了建立政府的必要性，阐明了政府的职能及其实现机制、政府内部以及政府和公民的制约合作关系。

19 世纪以来，马克思、恩格斯提出了公有制经济理论，并在《共产党宣言》中表明：共产党人把自己的理论概括为一句话，就是"消灭私有制"，消灭私有财产和私有资本；要利用自己的政权，"把全部资本，把一切生产工具集中在国家手里"，"按照总的计划"采取一切必要的管理措施。列宁、斯大林、兰格提出了计划经济理论。列宁在 1919 年的《俄共（布）纲领草案》中提到"俄共将力求尽量迅速地实行最激烈的措施，来准备消灭货币"，要求"在全国范围内用有计划、有组织的产品分配来代替贸易"。20 世纪 30 年代，苏联在斯大林的领导下开始实施通过国家垄断、对经济进行高度集中化的行政命令式管理的计划经济④。与此同时，兰格在同米塞斯、哈耶克等人的论战中，指出由于市场的外部性、不平等性、竞争的不完全性，自由资本主义经济无法找到合理的价格，避免重复遭遇周期性经济危机的宿命。而社会主义经济（市场社会主义）通过政府计划制定者的"理性"指引和不断"试错"，可以找到合理

---

① 霍布斯·利维坦：在寻求国家的庇护中丧失个人自由 [M]. 吴克峰，译. 北京：北京出版社，2008.

②③ 洛克. 政府论 [M]. 刘晓根，译. 北京：北京出版社，2007.

④ 马龙闪. 苏联计划经济走过对的坎坷道路 [J]. 探索与争鸣，2015（2）：85-91.

的一般均衡价格，实现总的供需均衡和资源的有效配置，摆脱经济危机的威胁①。1952 年，斯大林的《苏联社会主义经济问题》较为系统地确定了计划经济的原则和模式，成为计划经济的经典著作，被许多社会主义国家视为不可改变的金科玉律。

20 世纪 30 年代，以凯恩斯为代表的政府干预经济理论认为：人们有一种普遍的心理，当整个社会的实际收入增加或减少时，社会的消费也会增加或减少，但后者的增加或减少不会像前者那样快。这种边际消费递减倾向和资本编辑效率下降、人们对货币的灵活偏好，共同造成社会的有效需求不足，从而导致不能充分就业和预期收益最大化，引发经济萧条。解决资本主义经济萧条的方法是：由政府对经济进行干预，通过积极的财政政策和货币政策刺激消费需求。凯恩斯强调，人性及其行为是不完全理性的、正确的，它受消费习惯、从众心理、情绪、运气等方面的影响，这会导致利益分配不公和经济发展出现危机。虽然追求个人利益是经济发展的原动力，但绝不能放纵人性，而要借助政府对人性加以管理约束并纠正人性对经济社会发展的危机②。

20 世纪 70 年代，主要资本主义国家的经济发展进入"滞胀"（经济衰退与通货膨胀并存）阶段，凯恩斯主义所倡导的政府干预经济对此一筹莫展，新自由主义及与之相伴而生的新公共管理运动（主要通过在政府机构中引入市场机制提高公共服务供给效率）开始抬头，凯恩斯主义发展进入低谷。20 世纪 80 年代以来，以萨缪尔森（Paul A. Samuelson）、斯蒂格里茨（J. E. Stiglitz）、阿克洛夫（George Akerlof）为代表的一批学者，开始从工资黏性、价格黏性、借贷信息不对称等角度揭露市场在调节经济活动中的弊端，为政府干预经济提供理论依据。目前，新凯恩斯主义还在发展过程中，尚未形成一个前后一致的逻辑体系，也没有扭转凯恩斯主义的日渐衰微

---

① 杨春学．"社会主义经济核算争论"及其理论遗产［J］．经济学动态，2010（9）：91-100.
② 约翰·梅纳德·凯恩斯．就业、利息和货币通论［M］．宋韵声，译．北京：华夏出版社，2004.

之势①。

总而言之，政府合作机制包括集体决策机制，目标分解机制，监督评价机制，行政奖惩机制，依托政策、法规、计划等手段的宏观调控机制等，其权力是自上而下的，基于公共利益的计划决策和以层级结构为基础的命令系统是政府合作机制的两大核心要素。政府治理合作的基本逻辑是：如果人们自己无法实现某些可以增进人类共同福利合作，就需要通过让渡个人的部分权利组建一个权威机构（即政府），通过政府的集中管制来促使人们相互合作②。

5.2.2.2 组织内部的权威合作

从广义上说，组织是指由诸多要素按照一定方式相互联系起来的系统。从狭义上说，组织就是指人们为了实现一定的目标，互相协作结合而成的集体或团体，狭义的组织专门指人群，运用于社会管理之中。从管理学的角度，所谓组织（Organization）指这样一个社会实体，它具有明确的目标导向和精心设计的结构与有意识协调的活动系统，同时同外部环境保持密切的联系。商业组织是商业生产力诸要素相结合的社会形式，也是从事商业经营以追求利润最大化为目标的经济实体。

组织是分工合作的产物。按照亚当·斯密劳动分工的思路，将复杂的任务进行细致的分割，分别由不同的人完成各个分割的部分，并促成了他们相互合作，这样可以极大地增进劳动生产力。分工的起因源于交换能力，有了分工，同数劳动者就能完成比过去多得多的工作量，其原因有三：第一，劳动者的技巧因专业而日进；第二，由一种工作转到另一种工作，劳动者通常须损失不少时间，有了分工，就可以免除这种损失；第三，许多简化劳动和缩减劳动的机械的发明，使一个人能够做许多人的工作③。在社会的发展进程中，劳动分工逐渐从个人扩展到组织，人类社会的劳动在社

---

① 何正斌. 经济学 300 年（第 3 版下）［M］. 长沙：湖南科学技术出版社，2009.
② 陈星. 应用型高校产教融合动力研究［M］. 北京：中国社会科学出版社，2020.
③ 亚当·斯密. 国富论［M］. 郭大力，王亚南，译. 北京：商务印书馆，2023.

会中被分割成了独立的系统（如文化系统、经济系统、政治系统）和部门（比如公共部门和个体部门），这些部门又进一步被分割成独立的实体组织（如政府、企业等）。为了完成组织肩负的全部任务，组织自身也被分割成不同的部门、机构和团队①。

5.2.2.3　组织权威合作对市场交易合作的替代

根据陈星（2020）的观点，随着劳动分工的深化与扩展，个人及组织不断专业化，由此带来的结果是几乎没有人能够独自生产他所需要的所有商品和服务。通过交易，个人获得了他所需要的商品和服务。通过一系列社会分工和交易，我们只需要在特定的组织中完成一小部分任务，便能从社会中获取一定的生存和发展资源。交易有两种类型：一种是发生在市场上的、使用价格系统作为合作工具的交易；另一种是发生在组织内部的、使用非价格系统（权威）作为合作工具的交易。至于什么时候采用市场交易或组织内部交易，科斯②给出了答案：当市场进行某项交易的成本大于组织内部进行这项交易的成本时，人们就会组建专门的组织（如企业）来代替市场。事实上，现实世界并不像科斯说的那样理想：绝大部分交易是由市场和组织两种合作形式混合支配的，绝大多数的市场在某种程度上都是"有组织的"，绝大多数组织内部也是使用价格（像交换价格）来交流信息的③。

企业等组织也可以看作一种合作契约对另一种合作契约的代替。阿尔钦和德姆塞茨（Alchian and Demsetz，1972）认为，企业和市场并没有本质差别，企业是市场关系在企业内部的延伸，是为了减少团队生产中的"搭便车"行为而形成的契约联结。较之于市场契约，企业契约的特点仅仅是要素拥有者更为持续的联系以及较为集中的剩余索取权。企业的本质是用

---

① 陈星．应用型高校产教融合动力研究［M］．北京：中国社会科学出版社，2020.

② 罗纳德·哈里·科斯（Ronald H. Coase，1910 年 12 月 29 日~2013 年 9 月 2 日），新制度经济学的鼻祖，美国芝加哥大学教授、芝加哥经济学派代表人物之一，法律经济学的创始人之一，1991 年诺贝尔经济学奖的获得者，曾提出"科斯定理"。

③ 杜玛，斯赖德．组织经济学（第3版）［M］．原磊，王磊，译．北京：华夏出版社，2006.

"要素市场"代替"产品市场",是一种契约对另一种契约的替代①。

组织内部的权威合作既可以降低交易成本,也可以降低生产成本,从而获取更大的合作红利。企业一方面可以通过明晰产权完善契约、减少不确定和机会主义行为降低交易成本;另一方面可以实现资源整合、规模经济、范围经济、分工经济,更好地进行知识交换和技术创新,发挥企业家精神,降低生产成本②。

企业等组织内部的权威合作绩效受管理成本和生产成本的制约。生产成本是企业等组织在生产过程中支付的要素投入成本。管理成本是企业等组织配置要素以实现组织目标的成本,管理成本相当于企业内部的交易成本;目标不一致、产权不清、分工不明、契约不完全等都会增加企业内部的管理成本。生产成本和管理成本可以相互弥补,一个生产成本较高的企业可以通过降低管理成本来降低企业运行的总成本;反之亦然。如果企业内部的合作出现问题,导致企业内部的生产成本和管理成本的总和高于同行的总成本或者低于市场的交易成本,企业就可能失去其存在价值③。

5.2.3 团队协商合作

随着团队的广泛运用,团队协商合作也逐渐成为团队研究领域备受关注的主题。团队协商合作也称"自组织治理",其理论的代表人物有威廉姆森、鲍威尔、埃莉诺·奥斯特罗姆、格兰诺维特等。威廉姆森指出,在市场治理与层级治理之间存在中间过渡状态,即战略联盟④。鲍威尔认为,网络不仅是一种中间结构,它更是一种包含信任关系的特殊治理机制。这种信任关系不是权威关系或买卖关系所能建立的,它所营造的交易氛围是互惠的、开放的,而非官僚的、束缚的(如层级制),也非自由但猜疑的(如

---

① 卢现祥. 新制度经济学(第2版)[M]. 武汉:武汉大学出版社,2011.
②③ 陈星. 应用型高校产教融合动力研究[M]. 北京:中国社会科学出版社,2020.
④ 奥利弗·威廉姆森. 资本主义经济制度[M]. 段毅才,王伟,译. 北京:商务印书馆,2002.

市场)。如果说，市场的主要治理机制是信息传播、价格机制以及合约，层级结构的主要治理机制是科层结构、命令系统以及公司规章，那么，网络结构的主要治理机制就是信任关系与协商①。奥斯特罗姆则认为，面对公共资源生产和使用中的囚徒困境等集体非理性现象，无论是主张集中管制的政府机制，还是倡导私有化的市场机制，在使个人以长期的、建设性的方式使用自然资源系统方面，都未取得成功。相反，在长期的交流与博弈过程中，资源占有者可以通过自主组织和自主治理合理使用公共资源，而且这种存在于政府和市场之外的第三条道路（自组织治理）在人类历史上是长期续存的②。格兰诺维特指出，信任和可信赖行为对任何经济而言都是关键的资产，因为它们会引导人们进行合作，使他们相互间产生比纯粹自利动机更善良的行为。信任带来的合作可以节省大量的预警成本和监督成本，减少合作中的信息不对称、不确定性、有限理性和机会主义行为③。以信任为基础的合作作为一种独特的合作方式，不仅存在于市场合作和政府合作之中，而且存在于熟人群体或特定社会网络关系之中。

团队协商合作治理主要依靠成员之间的志愿协商进行，其权力是自下而上的，关系和信任是团队协商合作发挥作用的两个关键要素。团队是一群人基于志愿（自愿）的原则主动结合在一起，具有以下特征：一群人基于关系与信任而自愿地结合；结合群体产生集体行动的需要；为了管理集体行动而自定规则、自我管理④。团队协商合作的基本逻辑为：公民依靠关系和信任形成自组织，并通过自组织成员间的谈判协商自定规则、自主管理，解决合作问题。

团队协商合作的绩效主要受制于关系成本。尤其是随着自组织规模扩

---

① Walter W. Neither Market Nor Hierarchy: Network Forms of Organization [J]. Research in Organizational Behavior, 1990 (12): 295-336.

② 埃莉诺·奥斯特罗姆. 公共事物的治理之道：集体行动制度的演进 [M]. 金逊达，陈旭东，译. 上海：上海译文出版社，2012.

③ 马克·格兰诺维特. 社会与经济：信任、权力与制度 [M]. 罗家德，王水雄，译. 北京：中信出版社，2019.

④ 罗家德. 自组织——市场与层级之外的第三种治理模式 [J]. 比较管理，2010 (2): 1-12.

大，维持成员之间的关系和信任以及协商得出一致意见将变得越来越困难，团队协商合作会逐渐向市场合作或政府合作转变。

自组织在现代社会还缺乏足够的政治力量和经济力量，因此它很难取代交易合作或政府指令合作，在广泛的社会活动中独立发挥作用；而是经常作为一种富有弹性的补充机制黏合在市场交易合作和政府指令合作的网络结构之中。

5.2.4 混合式合作

第二次世界大战后，萨缪尔森提出了混合经济，指明没有一种现代经济体制是纯市场体制或纯指令体制，市场和政府对于经济稳定的作用都必不可少。20 世纪 90 年代以来，公共治理理论的盛行，使人们超越了市场与政府非此即彼的思维定式，认识到很多经济社会问题的解决，需要广泛调动政府、市场组织、社群及个人的力量，综合利用政府、市场和自组织合作机制，进行多主体、多手段的合作。

在多种合作机制相混合的类型中，新自由主义倾向于以市场为中心的混合合作机制，倡导实行经济自由化、私有化、市场化和全球化，让市场力量深入广泛的人类活动之中，同时用政府和自组织弥补市场失灵；新凯恩斯主义以及以林毅夫为代表的新结构经济学倾向于突出政府作用的混合合作机制，主张通过"有为政府"和强有力的市场干预，矫正市场失灵，实现充分就业、产业升级和经济稳定；以弗里曼（Edward R. Freeman）等为代表的企业共同治理理论和以罗西瑙（James N. Rosenau）、罗茨（R. A. W. Rhodes）、斯托克（Gerry Stoker）、奥斯特罗姆夫妇、全球治理委员会等为代表的社会治理理论则倾向于多中心的混合合作机制，主张各类利益相关者，通过自愿参与、建立共识、平等对话、民主协商、竞争合作等形式，综合利用多种合作治理机制，采用分级、分层、分段的多中心制度安排，参与企业管理，处理公共事务，共同解决社会问题。

目前绝大多数国家和地区的社会合作机制是政府、市场和自组织机制的有机结合。英、美等自由市场国家偏向以市场为中心的混合合作机制。德国等社会市场经济国家和多数发展中国家强调突出政府作用的混合合作机制。只不过，前者的市场经济更为发达，且政府干预是以市场经济为基础的。多中心的混合合作机制正在从一种理论走向实践，目前还没有在实践中产生较大影响。

5.3　地方高校产学合作困境的种类及成图

5.3.1　地方高校产学合作困境的种类

尽管合作是利己和利他的最好方式，也是资源共享的最优选择。然而在现实中，并非所有的合作都可以顺利开展，不合作或者合作不愉快的现象比比皆是。人类的短视、自私、利益冲突、信息不对称、资源匮乏、机会主义行为、制度低效等因素始终制约着合作的达成。

当前我国正逐步进入快速转型的时期。在这个特殊的历史时期，政府加快了职能转变的步伐，地方高校加快了转型的步伐，产学间的合作问题因而变得越来越引人注目。在地方高校产学合作的推进中，一直有一个难题，即地方高校与企业之间普遍存在的孤岛现象。这种现象有时表现为"条条"之间的隔阂，有时表现为"条块"之间的矛盾。这在很大程度上影响了产学之间的效率和公共信誉。一般认为，导致产学合作困境主要有两个因素：一是制度供给不足和权责划分不清等结构性因素；二是具有各自目标的理性主体在横向协商过程中无法达成一致的因素。

本书认为，导致地方高校和企业之间合作困境的还有另外一些重要的因素，那就是行动者充满策略性的交互行动结构，以及"有组织的无序状态"。"有组织的无序"可以从两个方面来理解：一方面，人类组织行为或多或少地处于一定的结构和规则体系之中，这些结构与规则围绕着预先确立的、稳定的目标而建构。组织成员的行为受到结构的影响和约束，不同程度地处于一种组织化状态中。另一方面，人类的组织行为也可以看作一种集合体，在这个集合体中，大量类型各异的行动者理性发生碰撞，互相对峙。组织行为本身变成一个竞技场，其间，人们就各自的行为进行协商、就个体权力策略竞相追逐，组织的深层秩序处于一种偶然性的无序状态，按照决策分析专家马西姆·瓦格林的说法，就是"组织表面的秩序下面，隐藏着巨大的无序"。也就是说，地方高校产学合作困境的生成，一方面受到各种有序、规则的结构性因素（比如体制、制度安排等）的影响，另一方面又受到微观行动世界中各种无序行动结构的影响。

"有组织的无序"从三个方面使产学合作行为总是有陷入困境的可能：一是地方高校和企业对合作过程中的规则和秩序的认识都变得局部化了。由于在产学合作过程中的具体规则构造过程同时受到结构和行动者交互性策略行动的影响，规则构造的逻辑也逐步由单一转向复杂化。在这个过程中，地方高校和企业从自身角度出发，对产学合作规则作出的认识变得越来越局部化。这种状况在很大程度上会妨碍合作各方达成一致并建立共同认识。二是地方高校和企业试图通过制度安排来促进产学合作的努力总是会遇到各种困难。在绝大多数情况下，地方高校和企业总是选择通过制度安排来促进产学间的合作。然而在"有组织的无序"背景下，制度安排虽然具有普遍的影响力，但作用却相对有限。制度安排在对地方高校和企业施加持续影响的同时，常常受到来自行动领域的挑战；许多时候，它甚至会成为被行动者策略性运用的工具。三是地方高校和企业关于合作形成的各种知识也被相对化了，这在很大程度上也为产学合作顺利展开制造了障碍。产学合作的顺利达成必须借助一定的经验系统，在这种经验系统的"提示"与"指引"下，地方高校和企业更容易就合作的原则、路径与方法达成一致，而关于合作的知识就是这种经验系统的重要组成部分。在"有组织的无序"背景下，每一个具体的合作，都具有各自不可复制的特性。

也就是说，关于产学合作形成的普遍性知识不足以完全指导地方高校和企业在具体的合作情境中采取"合适"的行为①。

总的来说，"有组织的无序"将结构层面的因素与微观行动领域的策略性行为结合在一起，不断再生产出一系列导致产学合作陷入困境的新元素。"有组织的无序"为地方高校和企业合作困境的不断再生提供了持续的动力。合作困境并不仅是一种科层体系的"病态"，它可以被看成一种常态的组织现象，某种意义上甚至还是一个可以被用来达到目的的积极因素。因此，缓解地方高校和企业间合作困境的策略不仅应考虑制度供给、权责划分和个体的理性选择等单边因素，更应考虑多方立体的互动结构。

在地方高校与企业之间的合作行为中，这种多方立体的互动结构，至少取决于四个重要环节，它们是：地方高校与企业之间的资源依赖结构、对产学合作行为的合法性判断、协商性的交换过程以及产学合作规则的形成过程。当然在产学合作的实践过程中，这四个环节常常是交织在一起的，它们很难被单独地分离出来。本部分将这四个环节分离出来，主要是出于研究上的考虑，以便让人们更为清晰地观察到在每个环节中都存在着哪些因素，导致地方高校产学合作困境的生成。

5.3.1.1 非对称的资源依赖结构与产学合作困境

地方高校与企业之间的合作大多出于两种目的：一是具有相近规模资源的机构之间拿出同样的资源进行组合，增强彼此实力以研发创新项目，我们称这类合作为规模型战略联盟。二是在资源配置上具有很强互补性的地方高校和企业之间拿出互补性的异质资源进行链接式组合，以弥补单个组织在某些领域缺乏相应资源的劣势，增进彼此的工作效能，这类合作可称作链式战略联盟。在上述两种合作的情况下，资源的高效整合实际上是产学合作的重要基础。从这个意义上说，资源配置的现状是衡量地方高校与企业之间展开有效合作的一个重要决定性因素，这可以从两个方面来

---

① David P. A., Clio and the Economics of QWERTY [J]. American Economic Review, 1985 (75): 332-337.

理解：

一方面，如果地方高校与企业通过合作的方式生产出新的项目，那么其自身所具备的资源配置现状将是其他组织决定是否与其展开合作的一个重要判断性指标：如果自身的资源配置现状在规模上相对较大、种类上相对较齐全，那么对方与其展开合作的可能性也就相对越大，因为这种情况下，合作双方将可以指望通过实现规模优势来生产单方面所无力提供的公共产品；但如果该组织的资源配置现状在规模上和种类上都不如对方，那么合作就会呈现一定的困境，因为如果在这种情况下开展合作的话，对方将不得不单方面提供更多的资源。

另一方面，如果地方高校和企业试图与对方通过资源互补的合作方式来增进各自的工作效能，那么其自身所具备的资源是否足以令对方产生依赖感，将在很大程度上决定着其他组织是否愿意与其建立合作关系。因为只有当地方高校和企业间存在着资源配置上的相互依赖关系时，它们之间通过资源互补的方式来进行合作才会具备更高效率。

从这个意义上说，地方高校和企业之间的资源依赖结构在很大程度上对各种潜在的横向合作行为能否顺利实施有着重要的决定意义。当机构之间的资源依赖结构呈现较为严重的非对称状况时（即某个组织在实现其组织目标的过程中对其他组织的资源依赖性很强，而其他组织对它的资源依赖性却较低），处于非对称低端的组织向其他组织提出合作的要求往往会面临一系列的困境。

20世纪90年代之前，人们对产学之间的关系曾有"条强块弱"的评述，在这个阶段里，"条""块"之间就处于一种非对称的资源依赖结构中："块"的工作顺利开展往往对"条"上资源有很强的依赖性，而"条"上各机构对"块"上资源的依赖度却相对较低。在这种情况下，由"块"上机构提出的合作要求，便常常得不到"条"上机构的响应。

一般来说，特定时期里地方高校和企业之间的资源依赖结构往往在很大程度上是由体制和制度性因素决定的。从这个角度来看，地方高校产学合作困境的生成确实和制度安排有一定的关联，许多产学合作困境中也确实折射出了特定时期制度安排的某些特点。

5.3.1.2　合法性认同与产学合作困境

产学合作行为涉及地方高校和企业之间的关系，合作能否顺利进行在一定意义上取决于地方高校和企业合作对合作行为（包括合作的目标、合作的内容以及合作的形式）能否建立起一种合法性认同。本部分所提到的"合法性认同"是一个较为宽泛的内涵，它不仅指法律制度的认可，而且还包括了文化制度、观念制度、社会期待等制度环境对某种"合适"行为的认可。

在组织社会学的制度学派看来，地方高校和企业对合作行为能否建立起一种合法性认同，在很大程度上决定了产学合作能否顺利展开。迈耶（John Meyer）在其研究中提出：组织面对着两种不同的环境，即技术环境和制度环境，这两种环境对组织的要求是不一样的。技术环境要求组织有效率，即按最大化原则组织生产。但是组织不仅是技术需要的产物，还是制度环境的产物。各种组织同时生存在制度环境中，是制度化的组织。组织的制度化过程即组织或个人不断地接受和采纳外界公认、赞许的形式、做法或"社会事实"的过程。如果组织或个人的行为违背了这些社会事实就会出现"合法性"的危机，对组织的今后发展就会造成很大困难。由此可见，如果合作行为违背了外界公认的或广为接受的社会事实，而陷入一种合法性困境中去，那么组织就有可能会退出合作，甚至抵制合作的开展。

在 20 世纪 80 年代之前，制度学派对合法性认同的界定主要还停留在制度环境、文化环境等宏观结构的范畴中，也就是说组织对合作行为的合法性是否认同主要取决于宏观制度结构的决定。但是在制度学派学者道格拉斯·诺思（Douglas C. North）的一些研究文献中，可以发现，他对"合法性认同"的研究又有了进一步的发展：他认为，在以前，合法性认同往往被认为是组织依据宏观制度安排而对行为作出的一种"合适性判断"，这样的一种对合法性认同的界定过于强调了外界制度环境的约束效力，而忽略了

"组织之间在互动过程中达成的共识"的这个层面。这在某种程度上也就忽略了组织自身还具有根据效率机制而理性决策的一面①。

制度学派的这些新近研究成果更为贴近现实生活的实践过程。根据本书研究发现，在地方高校和企业的合作过程中，往往首先会对合作行为是否"合理"做出判断，如果参与合作的各方一致认同了合作行为的"合理性"，也就是对合作行为达成了"合法性认同"，那么产学合作行为才有进一步实施的可能性。而在这个合法性判断的过程中，合法性的标准并不是固定不变的、由宏观制度安排所设定的，而是经常会依据组织间横向协商中达成的共识而发生变化。在某些时候，理性的合作参与者在达成一致共识的前提下，甚至有可能突破制度的许可而对某些合作行为作出认同。在这样的合法性认同的基础上，产学合作行为才能长期持续下去。一旦无法认同合作行为的合理性而使某项合作行为陷入"合法性困境"，那么该项合作行为往往就会处于一种"合作困境"之中。通过这个部分的分析，我们可以认识到，"合法性困境"的生成不仅受结构性的制度安排影响，还受到地方高校和企业之间基于理性考虑的交互性协商沟通过程的影响。

5.3.1.3 协商性交换中的难题与产学合作困境

前文已经多次提到：地方高校与企业之间产生合作的需求，就在于它们总是难免会产生与其他机构之间资源共享和资源整合的需求。而在许多情况下，保证这种需求得以有效满足的机制建立在一系列的资源交换之上。不过，机构间的这种资源交换与市场条件下的资源交换有很大的不同，其中主要的差异在于：市场中存在着一系列明确的交易制度和较为清晰的定价制度，资源的交换（或者说交易）依赖于市场机制而进行；但机构间的资源交换则缺乏明确的交易制度做保证，其更多的是依赖于社会性特征较强的协商机制。正因为此，在此我们将机构间的资源交换称为"协商性交换"。

协商性交换与市场条件下的商品交换相比，有两个显著不同的特征：首先是回报的延时性。市场条件下的商品交换，除了极少数特殊情况外，

---

① 凡勃伦. 有闲阶级论［M］. 北京：商务印书馆，1964.

买卖双方的付出与获得基本上是在同一时间和情境中完成的。而在协商性交换中，不同政府机构间在资源和信息的付出与回报的获得上往往不是同时实现的，而是要相隔一段时间，在其他问题上体现出来。由于存在着回报的延时性问题，合作双方的投入与回报在时间与空间上被分隔了，双方逐渐形成了一个分享—回报的循环式链条。这种循环链条的延续性如果缺乏有效的机制保障，一旦合作的某一方由于人为或体制性的因素中断了分享或回报的行为，合作就会中断。其次是收益的不确定性。在市场条件下，商品交换往往具有确定性，也就是说买卖双方都非常确定地知道自身付出了什么，得到的是什么。而基层行政机关间的"协商性交换"，在很大程度上具有某种模糊性——资源、信息付出者获得的常常只是未来得到某种帮助的可能性。收益的不确定性，会导致部分政府机关在开放自身资源、信息的问题上缺乏积极性和主动性。这尤其体现在：当一些实际管理权限相对较小的组织，向其他组织提出资源共享的要求时，往往容易遇到一些困难①。这种协商式交换中面临的回报延时性和收益的不确定性，使地方高校和企业间的资源、信息有效共享面临着一系列的复杂问题，这些复杂问题如果不能得到有效解决，就会产生产学合作的困境。

总的来看，协商性交换过程中出现的合作困境是理性的合作主体间在横向协商过程中无法达成一致而造成的。

5.3.1.4　行动空间中规则构造的复杂性、不确定性与产学合作困境

在现实生活中，当面对各种具体的问题时，每个组织自身的资源都不足以令其应对各种情况，因此不乏"借用"其他组织的资源，通过资源共享的合作行为来解决问题的需求。它们在获得这种需求满足的过程中，会出现诸如原则、对策、人力、场所等方面的"交易"。为了能够有效地工作，每个组织都会试图使资源互补的依赖关系朝着有利于自己的方向发展，此时组织或其代理人的行动在一定程度上会超出他们在正式组织中的角色

---

① Woerdman E. The Institutional Economics of Market-Based Climate Policy [M]. Boston：Elsevier, 2004.

规定，他们的权力基础也多少离开了在正式组织中的职权范围。由此产生的行动空间有独立的调节机制和自主决定的特点，不受任何正式组织的单一理性支配。这种参与行动空间中的关系构造者即被视为行动者。行动者的出现表明：在基层的日常实践中，作为个体的正式组织所掌握的资源是不足以解决他们在这种社会秩序里碰到的复杂问题的。这些行动者此时必然要以一种特殊的方式"借助"其他组织的资源。由此引发的"交易活动"，使正式组织具有了弹性和灵活性[①]。

在行动领域中，行动者不仅试图以尽可能小的代价来获取他人的资源，更重要的是，他们试图对合作的规则进行操纵，因为这些规则控制着交换。行动者就是以这样的方式来进行交易的。在这个围绕规则控制权而交互行动的空间中，行动者一方面努力为自己创造可供选择的解决方案以及可供选择的合作伙伴，增加他者的可替代性；另一方面限制他者的选择能力和自由余地，减少自己的可替代性。这个过程是一个交互作用的转换过程，在此过程中，每一个参与者都在力求对他人施加影响，同时竭力避开他人反过来对自己施加影响的诸种尝试。

根据本书观察，地方高校或企业要在产学合作过程中对对方施加有效影响，使规则构造的方向朝着有利于自己的方向发展，在很大程度上要依靠两个过程：一是对产学合作过程中"意义建构"的把握。许多研究规则构造过程的学者都认为，规则的形成需要建立在一个具有"意义"支持的基础上。这里，"意义"可以理解为一种为规则提供合理性解释的价值基础。道格拉斯在《制度是如何思考的》一文中提出：稳定的规则建立的一个重要条件是它必须构建在参与合作的多方主体都认同的"意义"之上，即地方高校和企业应共同接受或承认的合乎情理和期待的判断标准之上；也就是说，规则必须建立在地方高校和企业共同接受的基本理念规范之上。道格拉斯同时提出，在早期的历史阶段，人们往往是从自然界的规律中引

---

① Arthur W B. Increasing Returns and Path Dependence in The Economy [M]. Michigan: The University of Michigan Press, 1994.

申出规则的"意义"支持的；但是到了现代，"意义"的构造往往带有很强的人为性。在地方高校和企业间的合作过程中，双方都会努力通过构造有利于自己的"意义"支持而试图控制规则的构造过程。二是在合作过程中使其他人建立起对自己的依赖性。对于参与合作的行动者来说，为了更好地向他人施加影响并使自己处于规则构造中的有利地位，最为有效的一种手段就是在合作过程中建立起他人对自己的依赖性。在这种依赖性的基础上，他们就可以非对称地对其他人施加权力。

很多时候，不同的机构在共同合作的过程中，要让别人积极地配合你，就必须要有一些很关键的资源。这些资源对于一些强势部门来说，可能是本来就有的；但是对于其他相对弱一点的部门，很多时候重要性是需要不断提醒的，这个时候组织之间开展合作就会有很大的保障。必须充分注意的是，合作中行动者构造规则的"意义"与建立非对称的依赖关系这两个过程都是充满复杂性和不确定性的，因为行动者的策略性行为同时也会引发参与合作的其他各方的各种连锁反应，而行动者也就不得不对这些反应做出新的应变策略。这些策略与对策混合在一起，使规则的构造呈现一种高度复杂性和不确定性的特征。换句话说，合作中的规则成为行动者交互性行为的权变结果，总是处于一种无限变化的可能中。从这个意义来看，行动领域中的规则无论如何不可能简单地还原为制度设计中的"最初规则"，因为行动者在策略性地构造规则的过程中，始终具有一种任意选择和随机性创造的可能。

由于在合作过程中存在着规则构造的高度复杂性和不确定性，规则建立的过程总是充满曲折，并始终存在着被中断的可能性，这时合作困境便会生成行动领域中，行动者对合作规则的构造以及由此产生的合作困境是一种特殊的现象，因此从这个角度出发对地方高校产学合作困境作出分析不具备普遍意义。但是组织社会学前沿研究领域的大量研究恰恰指出，行动者的"出场"以及对行动领域规则体系的反复构造，不仅不是一种特殊现象，相反还具有很大的普遍性。这是因为：以行动者的身份出现来实现独特的目标，对于个体来说总有巨大的诱惑；而行动者一旦出场就有可能将其他个体牵扯进行动的空间，迫使其作出反应，并在不同程度上成为新的行动者。更多的行动者不断出场，对行动空间的关系规则进行反复的构造与再构造，这个过程也构成了地方高校产学合作领域中的深层动力来源。

5.3.2　地方高校产学合作困境的成因

人类不合作有两个原因，一个是受限于知识，另一个是受困于自私，特别是少数自私的人和多数知识受限的人合起来就是人类最大的灾难①。本书认为行为是目标和手段的统一体，出现地方高校产学合作困难的主要原因有两个方面：一是地方和企业参与合作的动力不足，即地方高校和企业不认同或仅在某种程度上认同合作的目标，简单来说就是"不想做"；二是产学合作的方式不对，即地方高校和企业采用的合作手段无法较好地实现各自的利益，简单来说就是"做得不好"。动力与方法相互影响：不想做，自然不会努力寻找正确的合作方法；合作方法不好，会导致合作双方无法获利，进而导致不想做。动力是影响合作的源头因素，没有合作的动力，合作就无从谈起；若合作动力充足，参与方多数情况下可以找到相对正确的合作方法。造成地方高校产学合作困境的原因体现在以下七个方面：

5.3.2.1　资源稀缺

资源是可以满足生命体生存和发展的一切手段的统称，包括自然资源如土地、矿产、水等，以及社会资源如劳动力、资本、技术等。资源分布不均是全球性的现象。

资源的多寡对人类生活的方方面面产生了深远的影响，从经济压力到生态环境，从社会关系到技术发展。资源短缺问题促进了新能源技术、节能技术、循环经济技术等领域的快速发展，技术的发展也为解决资源短缺

---

① 张维迎. 市场的逻辑（增订版）［M］. 上海：上海人民出版社，2012.

问题提供了新的思路和方法。一是增大了经济压力。由于资源的有限性，其价格往往会上涨，导致生产成本上升，进而影响到商品和服务的价格。这不仅使企业的盈利空间缩小，还使消费者的购买力下降，增加了生活成本。二是改变生活环境，资源稀缺会导致生活环境变化。当关键资源如水、食物、能源等变得难以获取时，人们不得不改变他们的居住地点、生活方式和经济活动。例如，水资源的短缺会迫使人们迁移到水源更丰富的地方，或者改变农业种植模式，采用节水技术。食物资源的减少会导致人们转向其他可替代的食物来源，或者改变饮食习惯。能源的紧张会促使人们寻找可再生能源，或者减少能源消耗。这些变化不仅影响个人和家庭，还可能对整个社区和生态系统产生深远的影响。三是社会关系紧张，资源稀缺问题也可能导致社会关系紧张。在资源短缺的情况下，人们往往会产生竞争和冲突的心理，这可能导致社会不稳定因素增加。资源的分配也可能引发社会不公和矛盾，进一步加剧社会关系的紧张。四是生态环境受损，资源稀缺问题对生态环境也造成了严重的影响。过度开采和不合理利用资源往往会导致生态环境破坏，不仅影响到了生态系统的平衡和稳定，还威胁到了人类的生存和发展。五是政策调整频繁。面对资源短缺问题，政府需要频繁调整政策以应对挑战，包括制定更加严格的资源管理制度、推广节能减排政策、加强环境保护等方面。政策的频繁调整不仅增加了政府的管理成本，还可能引发社会不满和不稳定因素。

当然，资源稀缺也有其积极的方面。一方面，为了解决资源稀缺问题，促进了新能源技术、节能技术、循环经济技术等领域的快速发展，同时技术的发展也为解决资源稀缺问题提供了新的思路和方法。另一方面资源短缺改变了人们的生活方式，包括减少能源消耗、减少物质消费、提倡绿色出行等。生活方式的转变不仅有助于缓解资源短缺问题，还有利于人们的健康和环境的可持续发展。资源是理解生命的起源与发展的钥匙，也是理解人类分工与合作的重要线索，氏族、军队、教会、政府、企业、高校等各类组织都是人类分工与合作的结果，而资源便是维持这些组织得以建立、生产和发展的重要因素①。

合作是为了分享资源。个体拥有的资源越多，拥有的合作者和合作机会也越多；相反，在个体拥有的资源比较有限的情况下，没有多少合作者愿意与之合作，因为有限的资源无法支持过多的合作者。组织内部的员工之所以要服从领导命令，也是因为领导可以决定他从组织中得到多少工资、福利、晋升等资源及获取资源的机会。我们将一个人的恩情铭记在心，甚至不惜以死相报，也多是因为这个人曾在你最需要资源的时候帮助过你。"穷在闹市无人问，富在深山有远亲；不信且看杯中酒，杯杯先敬有钱人"，反映的也是资源对合作的影响②。

5.3.2.2　信息不对称或信息不完全性

信息不对称（Asymmetric Information）是指在市场交易中，一方比另一方拥有更多、更准确的信息。信息不对称是市场经济中的普遍现象，它可能源于信息收集成本的差异、信息处理能力的差异以及信息获取渠道的差异等多种原因。

信息是一种极其重要的资源。然而，信息在市场中并非均匀分布，而是存在显著的不平衡现象。这种信息不平衡（信息不对称）不仅影响着市场参与者的决策过程，而且深刻地影响着市场的效率与公平性。信息不对称的后果是多方面的：首先，信息不对称可能导致市场资源配置的扭曲，因为信息优势方可能会利用信息优势来获取更多的资源，而信息劣势方则可能因缺乏资源而陷入困境。其次，信息不对称可能加剧社会的不平等现象，因为信息优势方可能会利用信息优势来剥夺信息劣势方的利益，从而加剧社会贫富差距。最后，信息不对称还可能影响市场的稳定性和市场的可持续发展。

陈星（2020）认为，信息不对称可以从时间和内容两个角度划分：从时间看，信息不对称可能发生在合作契约签订之前，也可能发生在签约之后。签约前的信息不对称引发的合作问题称为逆向选择，签约后的信息不

---

①②　陈星．应用型高校产教融合动力研究［M］．北京：中国社会科学出版社，2020．

对称引发的合作问题称为道德风险。从内容看，信息不对称既可能是人的行动，也可能是人的知识。逆向选择和道德风险分别可以看作隐藏知识和隐藏行动所引发的合作问题①。

在信息时代，尽管我们常被各种数据和信息包围，但所获得的信息仍然是有限的，即信息不完全。信息不完全意味着在决策过程中，无法获得所有必要的、相关的和准确的信息。信息的不完全性是指"相对意义的不完全"，即市场经济本身不能够生产出足够的信息并有效地配置它们。从经济学角度来看，信息的完全性，即买者与卖者对市场中所有与交易有关的信息完全了解的程度，是影响市场竞争的主要因素之一。如果信息不完全，消费者不能清楚地了解商品的属性，生产者不能及时准确地了解需求、成本等信息，市场的竞争程度就会降低。信息不完全对市场经济、决策制定和个人行为都产生着深远影响：首先，在市场经济中，信息不完全可能导致市场失灵和资源配置的不合理。其次，对于决策者来说，缺乏必要的信息可能导致决策失误和效果不佳。最后，对于个人而言，信息不完全可能限制其决策的自由度和效果，甚至导致一些不必要的风险。

由于信息收集需要成本，人们不可能获取到事物的所有信息，只能在浩瀚的信息海洋中收集到一小部分信息；即使可以获得相对完全的信息，人脑也无法"加工"太多信息。从博弈论角度来看，不完全信息是指在博弈的过程中，一方参与者对另一方的偏好、战略等方面的信息是不完全的。信息不完全可以分为单方信息不完全和双方信息不完全。在单方信息不完全的情况下，参与方 A 对参与方 B 比较了解，但 B 对 A 的信息掌握不够，A 很可能会选择不合作行为进而导致合作破裂。在双方信息不完全的情况下，双方均不了解对方的特征信息，如果博弈次数足够多，没有一方会过早地选择背叛；但是，在最后几次博弈中，双方会选择不再合作②。对于地方高校而言，在产学合作中同样会面临双方信息不完全而导致的合作失败

---

① 陈星. 应用型高校产教融合动力研究 [M]. 北京：中国社会科学出版社，2020.
② 张维迎. 市场的逻辑（增订版）[M]. 上海：上海人民出版社，2012.

或者合作破裂。

5.3.2.3 有限理性

有限理性（Bounded Rationality）是指介于完全理性和非完全理性之间的、在一定限制下的理性，它是为抓住问题的本质而简化决策变量的条件下表现出来的理性行为。有限理性思想的提出者是赫伯特·西蒙（Herbert Simon），他是一位美国经济学家和社会科学家，因其在决策理论和组织行为学方面的贡献而闻名。西蒙在 20 世纪 50 年代提出了有限理性思想，这一理论强调人类在决策过程中存在有限的信息和认知能力，因此他们的决策往往是有限的。因为人类的理性，就是用评价行为结果的某些价值系统去选择令人满意的备选行为方案——它是有限的，人脑不可能考虑一项决策的价值、知识及有关行为的所有方面。

有限理性指人们对事物的认识是有限的。一是由于环境是复杂的，在非个人交换形式中，人们面临的是一个复杂的、不确定的世界，而且交易越多，不确定性就越大，信息也就越不完全；二是人对环境的计算能力和认识能力是有限的，人不可能无所不知；三是在很大程度上，由于受到情境的影响，人们使用"第一系统"进行加工，理性在这里根本就未发挥作用①。

有限理性表现为四个方面：一是知识的不完备性，个人对自己行动条件的了解是零碎的，以至于从对当前状况的了解去推想未来后果的规律和法则所知甚微。二是对困难的预见，人们无法在某一瞬间抓住所有后果的整体，导致对抉择后果的预见经常与实际不一致。三是可能行为的范围，人们在较短的时间内只能考虑到有限的备选方案作为决策的依据。四是记忆、习惯、心理环境、直觉、价值观等因素也会干扰人的理性②。哈耶克认为，人的理性不可能是全知全能的，而是非常有限和不完备的。从知识学习和进步的角度看，我们获取的知识经常是错误的。从知识分工的角度

①② 赫伯特·亚历山大·西蒙. 管理行为［M］. 杨砾，韩春立，徐立，译. 北京：北京经济学院出版社，1988.

看，决策者很难拥有并处理支撑决策的诸多领域的知识。人类社会的多数秩序都不是理性设计的，而是由许多个人的行动所自发产生的无法预期的结果[①]。

其他证据也支持人的有限理性：一是获取和处理信息需要花费成本，人的智力也是一种稀缺资源，一个人不会不计成本地去收集和处理信息或者无节制地浪费其智力资源；二是人们并不总是追求最优决策，在实践中也很能找到一个令人满意的决策，所以人们常常选择符合有限理性的次优决策；三是人是理性和非理性（如情感）的综合体，情感经常让人丧失理智，做出一些非理性行为；四是人们面临的是一个复杂的、不确定的、动态变化的世界，因此长期来看，现在阶段的理性认识永远只是有限的理性[②]。

有限理性会制约合作的达成。其一，制约个体认识到合作的好处。很多能增进双方利益的合作之所以长期无法建立，原因在于合作者受制于有限理性没有意识到合作的好处。其二，制约个体做出正确的决策。有时即使人们认识到合作的好处，但受制于有限理性，难免会短视、冲动、投机取巧做出错误的决策。其三，制约个体找到正确的合作手段。受制于个体有限的知识，在意识到存在合作红利并决定合作之后，合作者经常不知道该采用什么样的合作手段来有效获取合作红利，这会造成许多合作的失败。如果合作者在一段时间内尝试采用了错误的合作手段引发了持续的合作失败，那么合作者将会形成拒绝此类合作的思维定式，进而停止去探索新的有助于促成合作的手段（技术、制度等）[③]。

5.3.2.4　利益冲突

"利益冲突"最早是一个法律术语，出现在产业界，后来迁移到教育界和学术界，成为一个伦理范畴。利益冲突是高校伦理重要的甚至是首要的问题。在公众的印象中，利益冲突一般是消极的、失德的，甚至是违法的行为。但利益冲突并非都是有害无益的。虽然利益冲突可能导致涉事主体

---

① 弗里德里奇·哈耶克. 科学的反革命：理性滥用之研究 [M]. 冯克利，译. 南京：译林出版社，2003.

②③ 陈星. 应用型高校产教融合动力研究 [M]. 北京：中国社会科学出版社，2020.

的正当利益受到侵害，有损高校的声誉和公信力，但不能否认，利益冲突是一个中性概念，并非所有的利益冲突都是违背职业伦理的行为，甚至是违法行为。从理性的角度看待利益冲突，高校利益冲突的增多，是高校从社会边缘走向中心的必然结果，拓展了高校的使命与理念。

如果要对高校的利益冲突进行归因，其根源也是高校的现代性的体现。高校以知识的广泛性、学科的完整性、产学研的互动性，彻底打破传统高校的内敛与封闭。李维安和王世权（2013）总结了高校的利益相关者及其利益诉求（见表5-1），并认为不同利益相关者利益取向的差异性，使他们对高校治理有着不同的要求。因此，利益相关者会基于自身效用最大化在治理制度设计中施加各种影响，以使制度安排有利于自身。

表5-1　高校利益相关者的利益诉求及利益的实现方式

利益相关者	主要利益诉求	利益实现方式
政府	社会教育水平提高 政治诉求的表达 人才的培养 科技创新	法律保障 政策动向 立法限制
教师	工资福利的提高 学术观点的表达 学术声誉的提升 职称晋升	罢工、辞职 沟通协调 法律法规
行政人员	工资福利的提高 职位晋升 控制权的扩大	优先求偿 法律法规
学生/家长	良好的就业前景 良好的学习环境 雄厚的师资力量	法律法规 沟通协调 学生组织
用人单位	高质量毕业生 产学研合作	社会舆论 用人反馈 法律法规
利益集团	各利益集团 创立的主旨	代表这个团体的力量

利益相关者	主要利益诉求	利益实现方式
校友	校友资源 母校支持	校友会协作 对母校捐赠
债权人	债券安全 与高校关系融洽	沟通协调 法律法规
其他大学	校际合作 校际交流	沟通协调 校际联盟
捐赠者	与大学的良好互动 捐赠物的合理使用	法律监督 舆论监督 沟通协调
社区	拉动消费 社区形象提升	沟通协调 社会舆论 法律法规
科研经费提供者 或学术机构	高水平科研成果 经费合理支出	合同要求 法律法规 资助额度 社会监督

利益集团和社会利益的冲突可能会伤害国民经济的健康发展。利益集团是希望采取集体行动来增加自身收入份额的个人所形成的团体，既可以通过促进整个社会生产率的提高来改善本利益集团的福利，也可以通过尽可能地为其成员争得社会生产总额中的更大份额来改善本集团的福利，但利益集团一般选择后者。集体中有"搭便车"的个人，也有"搭便车"的群体。利益集团可以通过寻租影响经济政策的制定，改变收入再分配的方案，从而增加自身的收入。当利益集团的寻租活动发展到一定程度的时候，国家经济运行的决策效率就会下降。当多个利益集团串通共谋、取得制定经济政策的支配性地位时，国家的政策便成为这些利益集团坐地分赃的工具，国民经济的健康发展将深受其害。当利益集团之间的冲突上升到一定程度时，还可能激发暴力革命①。

由此可见，地方高校产学合作过程蕴含着大量的利益冲突，这些冲突

---

① 卢现祥. 新制度经济学（第 2 版）［M］. 武汉：武汉大学出版社，2011.

既包括地方高校和企业之间的利益冲突，也包括个人利益与集体利益的冲突①。

5.3.2.5 机会主义倾向

机会主义倾向指的是在信息不对称的情况下人们不完全如实地披露所有的信息及从事其他利己的行为，即人具有随机应变、投机取巧、有目的地利用信息、为自己谋取更大利益的行为倾向②。

信息不对称引起人们的机会主义行为倾向，分为事前机会主义行为和事后机会主义行为。事前机会主义行为是指交易各方在签约时利用签约之前的信息不对称或隐蔽信息，交易的一方掌握着交易的某些特性，而另一方却在此无法观察或试验。在这种条件下，掌握私有信息的一方就会利用对方的无知为自己谋取利益，这被称为"逆向选择"。事后机会主义则是指交易各方在签约之后利用信息不对称与信息优势，通过减少自己的要素投入，采取隐蔽行动的方法以达到自我效用最大化而影响组织效率的道德因素，这通常被称作"道德风险"③。基于信息问题的两种机会主义行为都造成了效率的损失。一方想要识别另一方的隐蔽行动与隐蔽信息并不是不可能的，但需要在收集信息、进行检查和监督所需要的相应成本与所获得的相应收益之间进行权衡。这种对检查监督活动本身成本收益的计量说明组织与合作中的逆向选择与道德风险会或多或少地始终存在。

机会主义行为在共同投资的双方或多方之间极为普遍。按资产市场转换的难易，奥利弗·威廉姆森在《交易成本经济学：契约关系的治理》中将专用性维度分成三类：非专用、混合和特质（专用）。"专用性"是指耐用性实物资本或人力资本投入某一特定的交易关系从而被锁定的程度，一旦要打破既有关系或制度规则，专用性资产将付出巨大的转置和退出成本，产生套住效应。这个概念之所以重要，是因为一旦进行了专用性投资，交

---

①② 陈星. 应用型高校产教融合动力研究 [M]. 北京：中国社会科学出版社，2020.

③ 奥利弗·威廉姆森. 资本主义经济制度 [M]. 段毅才，王伟，译. 北京：商务印书馆，2002.

易双方都要在相当长时期内，在双边交易关系下进行活动；不可交易的资产特征确定了投资方退出交易过程与契约关系的困难程度，对合约的另一方产生依赖。这无疑将弱化投资方在投资完成后的谈判地位，而无法防止另一方的机会主义行为。奥利弗·威廉姆森认为"市场交易费用是一条随着资产专用性程度的增加较快上升的曲线"①。相比市场交易，企业契约更加具有自我实施性质的长期性。企业契约通过专用性资产产生一种"锁定"的功能，将缔约各方牢固地联结在一起，结果以企业垄断取代了市场的现货交易，以企业内部的权威统一指挥、监督取代了协议方各执一词的谈判。某种意义上，企业是克服市场交易机会主义行为的一个"技术性装置"，提高了专用性资产的使用效率，降低了投资风险。

机会主义倾向和外部性、有限理性、信息不完全与不对称和资产专用性密切相关。从外部性的角度看，机会主义倾向是指在非均衡市场上，人们追求收益内化、成本外化地逃避经济责任的行为。在一定的制度安排下，如果个人的行为不会对他人的利益产生影响（即不存在外部性），那么个人就无法将自己的成本或费用转嫁给他人，机会主义行为也不会发生。如果人是完全理性的，且信息是完全的、对称的，资产不是专用性资产，合作双方就可能选择获取合作红利及其实现路径的所有信息并做出正确策略，建立完全合同保证合作的顺利进行，进而实现亚当·斯密所描述的"看不见的手"对社会福利的增进②。

5.3.2.6　合作成本

在进行任何形式的合作过程中，都会耗费各种成本，如市场教育合作要耗费交易成本，领导因素合作需要耗费管理成本，团队协商合作需要耗费关系成本；而且这三种方式相互之间存在替代关系，同时面临生产成本的约束。从个体的角度来看，参与人预期到进行合作的成本大于收益的时候，会选择不合作。从组织的角度看，过高的合作成本会降低组织合作或

---

①② 奥利弗·威廉姆森. 资本主义经济制度［M］. 段毅才，王伟，译. 北京：商务印书馆，2002.

社会合作的效率。

市场交易合作的绩效受制于交易成本。交易成本的概念是科斯提出的，他指出利用价格机制进行交易是存在成本的，通过价格机制组织生产活动的最明显的成本就是发现相关价格的成本①。交易成本类似于物理学中的摩擦力，现实世界中的交易成本总是大于零的。较高的交易成本会导致交易合作困难，甚至无利可图，降低交易的效率乃至阻碍交易的达成。比如，相对于陌生人，我们更倾向于和熟人合作，就是因为和熟人合作的交易成本较低；较低的交易成本可以提高交易合作绩效；又如，电子商务作为一项技术进步降低了交易成本，人们不用出门就能择优而购，大大提高了人们交易合作的频率和范围②。

领导因素合作的绩效受制于管理成本。管理成本是企业等组织配置要素以实现组织目标的成本，相当于企业内部的交易成本。科斯认为，由于市场的运行存在交易成本，需要建立组织让某些权威人士（如企业家）支配其资源，如此便可节约若干市场成本。在企业内，市场交易被取消，组合在企业内的各种生产要素不必签订一系列的买卖合约，原来用于签订和执行这些市场合约的费用因此被节约了③。据此，科斯指出：企业是市场机制的代替物，当通过企业组织生产活动的管理成本小于通过价格机制"组织"生产活动的成本时，企业就产生了；但是，随着企业规模的扩大，企业的管理成本将递增。首先，随着企业规模的扩大，企业家功能收益④便会递减，在企业内用于组织额外交易的费用会增加；其次，随着组织交易的增加，企业家越来越无法充分利用生产要素；再次，在低于市场交易成本和另一家企业的管理成本的条件下继续增加交易将变得非常困难；最后，企业规模扩大到一定程度后所带来的管理成本的上升，会导致某些生产要

---

①③ 威廉姆森，温特. 企业的性质：起源、演变和发展［M］. 邢源源，姚海鑫，译. 北京：商务印书馆，2007.

② 陈星. 应用型高校产教融合动力研究［M］. 北京：中国社会科学出版社，2020.

④ 企业家功能收益是指企业家在经济活动中所承担的风险和创新所带来的收益。具体来说，企业家通过识别市场机会、组织资源、创新产品或服务以及承担经营风险，从而获得利润。这些收益是对企业家才能、风险承担和创新精神的回报。

素的供给价格提高，提高企业的管理成本。因此，直至企业内部组织一笔额外交易的成本，等同于在公开市场中进行此项交易的成本，或在另一企业中组织此交易的成本为止，企业将扩大规模①。

权威指令合作的绩效受制于管理成本。在社会合作和组织内部合作中，组织所面临的信息收集成本、决策成本、组织成本、协调成本、激励监督成本等管理成本越大，组织越力不从心，合作的绩效越低②。

关系成本是团队协商合作中为了维持关系和信任所需要耗费的成本。从商业角度来看，在日趋复杂的商业环境中，关系成本逐渐成为企业运营成本中不可忽视的一部分。关系成本的重要性在于：良好的关系有助于企业降低交易成本、提高市场竞争力、实现可持续发展。从社会学角度来看，关系成本在某种程度上可以看作人与人之间进行合作的交易成本在自组织领域的延伸；只不过交易成本多是利己的、出于经济目的的市场交易成本，关系成本则掺杂了更多的利他和非经济目的的非市场非权威的交易成本③。关系成本主要由四个方面构成：第一个方面是信息收集成本，企业为了了解利益相关者的需求和期望，需要投入一定的成本来收集相关信息。第二个方面是关系建立成本，在初步接触和了解利益相关者的基础上，企业需要投入一定的资源和时间来建立与利益相关者之间的信任关系。第三个方面是关系维护成本，企业需要持续投入资源来维护和巩固与利益相关者之间的关系。第四个方面是冲突解决成本，在合作过程中，难免会出现分歧和冲突，企业需要投入一定的成本来解决这些问题。关系成本一般受行业特征、企业规模、相关者利益和市场环境等因素影响④。

关系成本与领导因素合作的管理成本和市场交易合作的交易成本之间存在替代关系。当维持合作的关系成本较小时，人们会选择放弃市场交易和领导因素，选择以协商的方式进行合作；而当人与人之间的关系相对陌生或者熟人关系出现信任危机时，人与人合作的关系成本比较高，人们倾

①　威廉姆森，温特. 企业的性质：起源、演变和发展 [M]. 邢源源，姚海鑫，译. 北京：商务印书馆，2007.
②③④　陈星. 应用型高校产教融合动力研究 [M]. 北京：中国社会科学出版社，2020.

向于选择市场交易合作或领导因素合作。如果出现纠纷，关系成本较小的熟人社会倾向于容忍或找圈子内的人调解，而关系成本较大的陌生人社会则倾向于诉诸组织权威（组织管理者）或政府权威（法律）。而且，一个人假如在熟人社会中采用市场交易合作或权威指令合作，很可能会引起其他人的不满和反感①。

5.3.2.7 制度制约

制度是指一系列被社会群体共同认可并遵守的规则和准则，它规范了人们的行为，确定了社会的秩序，并为各种社会活动提供了稳定的框架。制度是社会的基本构成元素之一，对于社会的正常运行和发展起着至关重要的作用，制度通常包括规则与规范、组织与结构、权利与义务、资源配置。设置制度的根本目的在于维护社会的稳定和公平，促进社会的发展和繁荣。

制度对理解合作问题具有极其重要的意义。诺思认为，制度对实现人类合作无疑是十分必要的。新古典经济学假定，基于利益最大化的有效竞争可以促使人们相互合作，忽视了交易成本和制度②。有效的制度可以促进合作，为人们在广泛的社会分工中的合作提供一个基本的框架；可以减少不确定性，分担风险，为人们提供进行合作的稳定预期；可以弥补人的有限理性，抑制人的机会主义行为，为人们的合作提供关于彼此偏好和可能行为的"共同知识"，降低合作的交易成本；可以鼓励合作行为，约束背叛行为。有效的制度还能在长期的演化中教人向善。然而，现实中的许多制度往往是不好的或低效的，对合作的达成起着制约作用。现实中的制度要解决很多复杂的问题，找到一个令所有人满意且高效的制度促进人们合作的困难不言而喻。尤其是当一个社会的某项制度存在于特定的制度体系之内，这项制度可能在促进某些合作时是高效的，但在促进另一些合作时是低效的时。诺思甚至指出"制度不一定或很少是为了社会有效而创造的，

---

① 陈星. 应用型高校产教融合动力研究［M］. 北京：中国社会科学出版社，2020.
② 道格拉斯·诺思. 制度、制度变迁与经济绩效［M］. 刘守英，译. 北京：生活·读书·新知三联书店，1994.

相反，它们是为了制定新规则的谈判力量而创造的，至少正式规则如此"①。

许多非正式制度的差异也会极大地制约合作的达成。例如，西方文化强调个人的独立自由、鼓励个体努力追求自身的利益；儒家文化则强调人与人、人与天之间的关系，倡导重义轻利。同样，各种非正式制度差异所引发的合作冲突在一个国家的不同区域之间也广泛存在，在领土广阔的多民族国家中更为明显②。

制度变迁或制度创新过程中的时滞和路径依赖是导致低效制度长期存在的原因。时滞指制度创新滞后于潜在利润的出现，时滞有认识与知识时滞、发明时滞、菜单选择时滞和启动时滞四种类型。路径依赖类似于物理学中的"惯性"，制度变迁一旦进入某路径，就可能形成对这种路径的依赖。恶性的路径依赖会使社会长期"锁定"在某种低效率的制度安排中③。

5.3.3   走出产学合作困境的路径

地方高校和企业走出产学合作困境的路径有两方面：一方面是激发产学合作的动力，促使地方高校和企业想要合作；另一方面是找到合适的合作方法，能够有效地开展合作。

5.3.3.1   形成正确的理念

形成正确的理念可以从三个方面促进产学合作：第一，发现合作红利，让地方高校和企业意识到对各自的好处；第二，找到正确获取合作红利的方法，避免因操作不当出现付出了成本却无法获取相应合作红利的现象；第三，改善合作方的有限理性，减少信息不对称，让地方高校和企业的合作能够实施得更全面、推进得更深远，利用更多的信息和更加科学的理论与方法，做出更加有效、正确的选择。

---

①   道格拉斯·诺思. 制度、制度变迁与经济绩效 [M]. 刘守英，译. 北京：生活·读书·新知三联书店，1994.
②③   陈星. 应用型高校产教融合动力研究 [M]. 北京：中国社会科学出版社，2020.

（1）形成正确的理念要加强知识探索

很多时候，我们不是认识不到问题和错误，而是找不到解决问题的办法，或者不知道什么是正确的。尽管人类文明发展至今，已经积累了大量关于合作的方法，然而这些知识仍然远远无法支撑人类日益广泛和复杂的合作，尤其是产学合作。随着劳动分工和知识分工的深入，人们之间的依存关系越来越紧密，各个系统行业、职业、工作内容之间的差异和隔阂日益扩大，人们的知识也出现了分科化、分散化、碎片化趋势，这进一步加深了知识的有限性和合作的复杂性之间的矛盾。因此，必须重视科学研究加强知识探索，鼓励知识创新，促进知识的整合，形成更多、更加体系化的关于地方高校和企业的知识，帮助地方高校与企业更好地合作。

（2）形成正确的理念要促进科学知识的传播和信息传递

很多时候，不是我们没有得出正确的认识，而是我们中的多数人不了解这些认识是正确的，以致那些正确的行动迟迟无法大范围实施。在很多博弈中，信息是不对称的，甚至有些信息不对称是故意隐瞒的结果，这就要在产学双方披露信息，让信息在社会中有效传递。

形成正确的理念要努力消除思维偏见。我们所接触的信息和环境是有限的，而在有限的区域环境中形成的知识和思维方式在特定的区域是适用的，超出这个区域可能就不适用了。或者说，不同组织的人的认识和思维方式之间存在差异，这让我们很难形成合作预期并采取一致的合作行动。因此，形成正确的理念，就需要产学双方采取开放包容的态度，主动去同对方交流，增进理解，探索双方满意的合作方式。

5.3.3.2 积累资源

若想实施有效的合作，高校和企业就需要积累更多的资源和资本。没有资源，就意味着对方无法从合作中获得足够利益，也意味着没有足够的实力一起实现合作红利。因为很多合作红利的实现需要大量的前期投入，且存在风险。

通过积累资源促进合作，高校和企业一方面要自力更生，积累原始资本；另一方面要投对方所好，努力提供对方需要的产品和服务，筹集对方需要的资源。此外，还要促进资源配置的公平和有效。人力资本是最容易积累的，也是可以影响合作的最为重要的资源。人力资本是凝结在个人或组织中的知识、技能、能力和素质，具有依附性、长期性和收益递增等特性。在知识经济时代，无论是个人还是组织，只要找到合适的方法，就可以迅速积累自己的人力资本。人力资本如果运用得当，可以作为最重要的合作筹码[①]。促进产学合作还要重视社会资源和隐性资源的积累。良好的社会关系可以帮助个人或组织借力或用力，筹集到更多的资源，获得更多的合作机会。社会资本，如社会网络、信任、关系、态度、信仰、价值观，是一种镶嵌在社会结构中并且可以通过有目的的行动来获得或流动的资源，能够通过合作提高社会效率。另外，一些隐性资源，如品行、名声、思维方式，也在产学合作中起着重要作用。

5.3.3.3　制度创新

制度创新是促进产学合作的关键。创新制度可以约束产学双方的行为，更好地开展合作。制度创新对产学合作的促进主要表现为以下八点：第一，弥补人的有限理性。市场制度通过分散决策和自由竞争可以让产学双方在有限知识的情况下做出有利于整个社会合作的决策。知识产权保护制度可以激励高校和企业去探索新的知识，找到合作的方法。第二，减少信息不对称。品牌制度减少了企业与顾客之间的信息不对称。文凭制度减少了雇主和员工之间的信息不对称。声誉制度披露了个人的道德品质。国家监督制度和信息公开制度减少了组织及其产品同其利益相关者之间的信息不对称。同样地，有效的产学合作制度可以减少地方高校和企业双方的信息不对称。第三，约束人的机会主义行为倾向。一系列关于惩罚的规定都是为了约束人的机会主义行为，建立监督机制和激励相容机制可以减少地方高校和企业双方的机会主义行为。制度创新可以教人向善，抑制人的机会主义行为倾向。第四，弥补资源不足。股份制是为了让公司筹集到更多的资

---

① 陈星. 应用型高校产教融合动力研究［M］. 北京：中国社会科学出版社，2020.

源，发行国债是为了让国家筹集到更多的资源。合伙制、贷款、创投、众筹都是为了筹集资源，而税收、最低工资法、以分择校等都是为了缩小贫富之间的资源差距。第五，缓解利益冲突。多边国际公约为解决国际争端提供了制度保障，诉讼、仲裁、调解为人们提供了缓解利益冲突的方式。第六，降低合作成本。有效的制度能使地方高校和企业合作的双方获得使其行为有序化的信息，通过降低市场中的不确定性、抑制个人的机会主义行为倾向，降低交易成本。清晰合理的分工合作制度可以降低地方高校和企业的管理成本。具有相互监督和关系强化特征的制度可以降低高校和企业的关系成本。第七，提高制度绩效。制度创新可以改变制度的激励效应，减少制度变迁的时滞和路径依赖，提高制度对产学合作的促进作用。第八，防止噪声干扰。定期协商制度可以将人们的失误行为传递给对方并寻求对方的谅解。

制度创新的动力来源主要有思想习惯变革、观念引导、竞争、技术创新、相对价格变动、文化信念、社会精英、学习等。凡勃仑（Thorstein B Veblen）认为，在经济与社会变迁的背后，是人们习惯的演变，制度既是思想习惯发展之结果，又随思想习惯的改变而演化。人有追求成就的本能、亲善的本能和求知的本能，这些本能会改变人的思想习惯，引起思想习惯的扩散以及制度的形成与移植，产生制度创新。哈耶克指出，人的行为既具有遵循某种行为规则的特征，又受着他自己所持有观念的引导。在行为规则和个人观念发生冲突的情况下，观念将引导人们去改造同其观念不符的行为规则，制度创新就可能出现。依据不同人的观念所衍生出来的制度经过群体竞争得以优胜劣汰，那些能够支持分工、交易和合作不断扩展的行为规则将最终胜出，成为社会普遍遵循的一般制度。格雷夫（Avner Greif）指出，在面临新的共同问题时，理性的文化信念——社会内部每个人预期他人在不同情况下如何行为所形成的共同预期，会协调每个社会成员的最优策略，并在此基础上发展出相应的制度安排。此外，社会精英可以通过多种方式创新制度安排，并通过自己的一系列活动影响统治者和社会大众，让新的制度安排在社会内部建立起来并维持下去①。诺思认为，制度创新的动力取决于两个因素，即学习和竞争。"一个组织中的成员可获得的各种知识、技能和学习机制，将反映内含于制度制约中的支付报酬——激励形式，对制度变迁具有深远的意义。"② 制度创新的速度是学习速度的函数，制度创新的方向取决于获取不同知识的预期回报率。

5.3.3.4　技术创新

技术创新是推动地方高校产学合作发展的重要力量。技术越多、越复杂，越需要分工合作。技术创新如何实现？熊彼特（Joseph Alois Schumpeter）认为，技术创新就是要建立一种新的生产函数，把一种从来没有的关于生产要素和生产条件的新组合引进生产体系中去，以实现对生产要素或生产条件的新组合。技术创新有五种情况：一是引进新产品或一种产品的新特性；二是采用新技术或新的生产方法；三是开辟新市场；四是征服或控制原材料或半成品的新的供给来源；五是实现企业的新组织③。经济领域的技术创新主要通过企业家实现，最大限度地获得潜在利益是企业家创新的最终目的。

技术创新和制度创新是相辅相成的。技术创新会形成在现有制度安排下无法实现的新的潜在利益，促使人们创新当前的制度。制度创新会改变人的观念，激发出创新精神，激励高校、科研院所和企业探索技术创新。库兹涅茨（Simon Smith Kuznets）指出，经济增长的核心在于技术的进步、制度的变革和观念的更新。其中，制度变革和技术进步紧密联系在一起。制度的变革是由技术的发明和运用引起的，它反过来又促进了技术的发明和运用。技术进步和制度变革的共同作用是创新时期经济增长的核心。例如，蒸汽机于 18 世纪末发明，在 19 世纪的应用影响了许多国家经济增长的

---

① 罗必良 . 新制度经济学［M］. 太原：山西经济出版社，2005.

② 道格拉斯·诺思 . 制度、制度变迁与经济绩效［M］. 刘守英，译 . 北京：生活·读书·新知三联书店，1994.

③ 熊彼特 . 经济发展理论：创新是资本积累、个人致富之源［M］. 孔制，等编译 . 北京：北京出版社，2008.

结构和经济增长的效率，在技术发明领域相继出现的电力、内燃机和核能也同样如此；在社会方面出现的现代公司、中央银行、证券交易所和现代贸易联盟等制度创新具有与蒸汽机的发明和使用相同的作用[①]。

技术创新为地方高校产学合作提供了新的平台和工具，极大地促进了知识的流动和创新的实现。通过云计算、大数据分析和人工智能等技术，企业、高校和研究机构能够更高效地共享资源、协同工作。例如，远程协作平台让地理位置变得不再重要，研究人员和工程师可以实时交流，共同解决问题。同时，人工智能辅助的科研工具能够加速数据分析和实验设计，缩短研发周期。高校和研究机构通过技术平台将科研成果快速转化为企业可应用的技术，而企业则通过技术合作获得持续创新的动力。这种紧密的产学研合作模式，不仅提高了科研效率，而且加速了科技成果的商业化进程，为社会经济发展注入了新的活力。

5.3.3.5 倡导利他精神

人们的很多不合作行为都是由利己之心，甚至是损人利己的机会主义行为导致的。为减少因过分追求个体利益所导致的个体理性与集体理性的冲突，有必要倡导利他精神，用利他来弥补自私对合作的伤害。

利他精神植根于中国的传统文化和中国人的日常生活之中，无论是中国传统的教育还是当前中国的教育都非常重视培养人的利他精神，这是中国人民互助合作和社会团结稳定的重要力量。

高校和企业可以通过以下方式倡导利他精神，实现产学合作：第一，高校可以开设相关课程和讲座，强调利他主义在社会和职业发展中的重要性，培养学生的服务社会意识。同时，鼓励学生参与社会服务项目，将理论知识应用于解决实际问题。第二，企业可以与高校合作，共同开发研究项目，这些项目应具有社会价值和公益性，鼓励员工和学生共同参与，实现知识共享和技术转移。第三，高校和企业可以建立奖学金和资助计划，支持那些致力于社会公益和创新研究的学生和项目，以此激发更多人投身

---

① 何正斌. 经济学 300 年（第 3 版下）［M］. 长沙：湖南科学技术出版社，2009.

利他事业。第四，双方可以共同举办研讨会和工作坊，促进学术界和产业界的交流，分享各自在社会责任和可持续发展方面的经验和最佳实践。第五，高校和企业应建立长期合作关系，通过定期的沟通和评估机制，确保合作项目能够持续产生积极的社会影响，共同推动社会进步和经济发展。

根据以上分析，合作的主要目的是获取合作红利。地方高校产学合作出现困境的原因主要有两个方面：合作动力不足和合作方法不好，其中合作动力是源头性因素。合作总体面临两类现实约束：一类是人性约束，主要包括人的有限理性和机会主义行为倾向；另一类是资源约束，主要包括信息不完全或不对称、资源稀缺和合作成本。这两类现实约束是导致地方高校产学合作动力不足和方法不好的深层次原因。在影响和促进地方高校产学合作的因素中，理念是先导、利益是根源、资源是基础、制度是关键，四者相互影响、共为一体。如果理念不清，地方高校和企业就意识不到合作的好处，也就找不到合作的好方法；因此，促进地方高校产学合作首先要解放思想，厘清理念，明确合作的目标和手段。利益冲突包括个体之间的利益冲突以及个体利益和集体利益的冲突，是合作失败的根源；因此，地方高校产学合作的达成首先要让双方可以从中获利并协调好合作者之间的利益冲突。资源是合作的基础，没有资源，再好的合作愿望也无法实现；因此，促进合作，务必要让地方高校和企业都拥有可供合作的资源。制度是关键，可以改变制约合作的各项因素，激励人们共同合作。理念、利益、资源和制度相互影响、相互作用，四者共同影响着地方高校产学合作的达成及其绩效。

第6章 地方高校产学合作知识共享的影响因素研究

6.1 地方高校产学合作知识共享影响因素的理论构建

不同理论视角的深入剖析为理解地方高校产学合作知识共享议题提供了系统而深入的思考理论框架。在此基础上，本书尝试构建地方高校产学合作知识共享行为影响因素的理论模型，运用实证研究方法探讨多维因素对地方高校产学合作知识共享行为的影响方向和影响程度，为实践中管理策略的优化运用，从而以实质性地促进地方高校产学合作知识共享活动提供必要的理论依据。目前，国内外学术界对地方高校产学合作知识共享影响因素的实证研究尚处于起步阶段。本书基于文献回顾建构了不同维度的因素与地方高校产学合作知识共享行为之间关系的研究模型，并运用多元回归分析实证研究不同影响因素对地方高校产学合作知识共享的影响效应。在此基础上，运用结构方程模型重点探讨组织协同、部门间信任对地方高校产学合作知识共享行为的影响机制。

本书将组织协同和制度因素、组织因素和信息技术因素纳入地方高校产学合作知识共享影响因素的整体性分析框架，较全面地考察了共享制度因素、组织因素以及信息技术因素对地方高校产学合作知识共享的影响，提出研究假设，建构理论模型，结合国内外成熟量表选取变量的指标，进而综合运用问卷调查和多元线性回归分析探究影响地方高校产学合作知识共享的主要因素及其效应，实证检验提出的理论模型，为促进地方高校产学合作知识共享提供理论依据。

6.1.1　制度因素与地方高校产学合作知识共享

组织政策及其规则被视为地方高校产学合作知识共享行为的重要力量，是塑造部门间关系的核心要素。知识共享实践总是发生在一定的制度环境中，组织的政策和规则通过制定共享与合作的原则、明确成员间的权利和义务、规定信息技术使用的方式而影响组织部门间的关系和组织环境，进而对知识共享行为产生影响（Jarrahi & Sawer，2014）。这从制度理论的视角提供了组织内部制度规则影响知识共享行为的具体路径。制度规则可以通过改变组织环境、管理体系，影响组织部门的活动和互动形式，进而对组织成员的认知和行为产生重要影响。其后的实证结果也显示出，制度规则能够显著影响个体的知识共享能力以及组织内部的知识共享水平（Wang & Tseng，2014）。不同于企业内部的知识共享活动，地方高校产学合作知识共享面临更大的不确定性、更高的风险、更复杂的利益关系；其组织政策和规则具有计划性、稳定性和强制性，所具有的指导和规制作用有助于形成预期的部门协调关系，对地方高校产学合作知识共享行为影响更为重要。组织政策和规则对部门权责清晰的划分、对隐私的保护以及对泄密的防范，有助于消除部门"搭便车"的行为，减少共享知识的风险，增进部门间的信任，深化部门间的合作（Yang & Wu，2014）。基于上述分析，做出如下假设。

假设 1：制度因素对地方高校产学合作知识共享具有显著正向影响。

6.1.2 组织因素与跨组织知识共享

地方高校是典型的多层次、多部门的知识集合体，协调组织中不同部门所拥有的多样化知识对于提升地方高校产学合作效力极为重要。这些多样化的知识被嵌入高校与企业的不同部门中，不同类型的协同机制将组织不同的部门整合或联结起来，决定了不同组织如何建立联系，如何发生相互作用；不同的协调方式必然会对部门之间的知识共享活动产生影响（Grant，1996）。纵向等级制和横向协商制是高校与企业之间不同部门协同的两种类型（March & Olsen，1983）。此外，组织管理文献的研究表明组织内存在大量的非正式结构，如各类跨组织的社交网络等，也提供了协调不同组织的重要机制。

6.1.2.1 纵向协同机制与地方高校产学合作知识共享

正式的纵向协调被认为是地方高校和企业内部协调不同部门的重要方式，它强调组织运用正式的等级结构、体制和流程等协调部门的行为（Willem & Buelens，2007）。正式化水平高的组织协调主要依赖纵向的等级制度进行。对于地方高校和企业而言，正式结构规定了知识在组织中流动的过程和渠道。譬如，知识共享和交换须通过更高层的部门或主管领导集中进行，导致部门自身行为缺乏一定的灵活性，这会影响组织内部的交流和知识的转移（Pee & Kankanhalli，2016）。尽管正式的结构被认为是低成本的协调方式，能够提供制度和程序的保证、决定信息和知识交换的类型与频次（Willem & Buelens，2009），但由于强调运用正式的组织流程和渠道进行知识共享，降低了地方高校和企业参与跨组织知识共享的动力（Tsai，2002），也限制了更多地进行知识跨组织分享的可能性（Grant，1996）。正式体制本身具有一定程度的稳定性和计划性，但这种特性却难以满足跨组织知识共享所需要的灵活性（Tsai，2002）。此外，大量知识被嵌入高校教师与企业员工的头脑中，这类具有黏性的隐性知识也很难通过正式机构与其他部门共享（Grant，1996）。弱化的正式机构更倾向于促进成员与其他组织人员的交流和互动以促进知识产生（Jarvenpaa & Staples，2000）。因此，在正式化水平较高的地方高校或者企业中，其体系下的各部门之间不会有兴趣为其他部门提供信息和知识，除非他们被更高的领导层要求必须这样做。基于此，本书提出如下假设。

假设2：纵向协同机制对地方高校产学合作知识共享具有显著负向影响。

6.1.2.2 横向协同机制与地方高校产学合作知识共享

横向的水平协调机制同样是正式的，但它是为协调地方高校与企业横向不同部门之间的项目和事务而进行的某类结构性安排。经合组织把跨组织协调机制分为两类，即结构性协调机制和程序性协调机制（孙迎春，2014）。其中，结构性协调机制侧重协调的组织载体，即为实现跨组织协调而设计的结构性安排。由于组织的大部分活动并不遵循纵向的等级结构，在现阶段产学合作知识共享的各项合作中，需要跨越地方高校和企业的边界进行协调时，横向的水平关系变得越发重要。

通过地方高校与企业之间横向水平协调机制，水平的协调行为频繁发生，加速了地方高校与企业之间同级不同部门之间的互动和合作（Grandori，1997）；频繁的交互作用又模糊了原有的组织边界，有助于共同利益的形成；同时，增进了地方高校与企业之间同级部门的互相信任。反过来，这又促进了新的合作关系的形成（Tsai & Ghoshal，1998）。这些结构性安排通过提供不同平台和机会，如提供不同议题的论坛、跨组织团队和会议，使人们借此充分沟通交流不同想法和意见。这有利于具有黏性的隐性知识的共享，也因此扩大了知识在不同部门之间的转移。学习型组织的文献强调：由于横向的水平协调机制具有灵活性、自主性和非中心性特点，其能够胜任复杂的工作任务，创造更多知识共享的机会，增加组织成员之间的交往，提升组织成员参与的积极性和主动性，更有利于提高那些非编码化的并受环境影响的"复杂性知识"（Complex Knowledge）共享的可能性（Willem et al.，2006）。这对于组织学习和知识共享极为重要，有助于地方高校与企业之间的知识扩散与交换。通过跨组织的结构性安排，地方高校与企业的部门之间获得了更多的分享知识的渠道和机会，也进一步促进了知识在其内部不同部门间的流动和扩散。基于此，本书提出如下假设。

假设3：横向协同机制对地方高校产学合作知识共享具有显著正向影响。

6.1.2.3 非正式人际网络与地方高校产学合作知识共享

地方高校和企业合作中也存在大量的非正式结构。非正式结构是地方高校和企业中正规体制外的制度形式，包含志愿性和网络化的协调方式，依靠人员间和组织间的信任关系，在达成共识的基础上开展产学合作；当不同组织及其人员之间的非正式且社会化的互动交往自然而然地发生时，它将会推动组织之间更为紧密的沟通合作和知识共享。

地方高校与企业中存在的这些跨组织非正式的网络结构富有弹性，不仅能够支持横向关系的发展，还能够满足产学合作知识共享所需要的灵活性，是共享知识的重要媒介（Amayah，2013）。非正式的人际网络的互动不仅有助于提升知识转移的效率，提高信息接收的质量，而且使地方高校与企业成员之间有更多的时间、机会和动机发展各自的友谊，构建人际间的信任，从而促进信息的交流和知识的交换。作为组织文化的一部分，社交网络通过内部的交流和互动，推动知识共享的相关活动，搭建新的沟通交流平台，对提升组织成员间或团队间知识共享的能力极为关键（Kim & Lee，2006）。Yan 等（2014）发现，组织成员关系的提升会带来信任的增加，不断提升的信任会导致共享意愿的增强，而持续增强的意愿最终导致共享行为的改变。同时，知识管理理论文献发现，知识的社会属性决定了那些嵌入群体实践或社会关系中的"软"知识无法依靠技术工具实现共享和管理，只有通过人际交往和面对面沟通的隐性知识才有可能实现有效共享。可见，非正式的社会网络是不同组织成员间交流意见、思想和经验的重要媒介，对知识共享行为的改善具有积极作用。基于此，本书提出以下假设。

假设 4：非正式人际网络对地方高校产学合作知识共享具有显著正向影响。

6.1.2.4　组织间信任与地方高校产学合作知识共享

信任是包含有情感成分的理性决策，被认为是知识共享行为具有预测和解释力的重要变量。前文已经分析了人际信任对组织知识共享具有显著正向影响的假设。在人际信任的基础上，信任概念被延伸到了组织之间和跨组织的关系中，组织信任建立在个人信任的基础上，而地方高校和企业的跨组织信任源自合作伙伴一方认为另一方采取的行动将会产生双赢的结果，不会采取出乎意料的行动损害对方利益（Neergard & Ulhoi，2006）。该认知隐含着这样的假设，即在实现共同目标的过程中，双方都信赖对方的行为。组织间信任是产学合作关系的一个重要构成要素，它建立在地方高校与企业之间以及两个组织的部门与部门之间彼此稳定而可靠的行为的基础之上，如遵守书面协议或口头承诺等。

组织间信任是塑造地方高校与企业之间合作关系的核心要素。地方高校与企业均面临个人隐私保护、信息安全与保密、社会监督等多元化价值观产生的影响，组织间的信任关系可减少地方高校与企业之间互动交往的不确定性，降低产学合作的成本，使高校和企业更易于获取对方的知识，也提高了向对方分享知识的意愿。因而，构建良好的信任氛围对于地方高校产学合作知识共享极为必要。胡平等（2009）实证研究了组织之间的信任对跨组织信息共享的影响效果，结果证实组织间信任对两个组织之间信息共享具有显著正向影响。鲁坦（Rutten，2016）将信任划分成高低两组，实证探究了不同水平的信任与知识共享之间的关系，研究发现高水平的信任导致高水平的知识共享，较低水平的信任则会导致低水平的知识共享。其中，高水平的信任关系来源于组织之间持续而稳定的行为互动，这种信赖关系又进一步促进了组织之间更为紧密的沟通与合作，从而为知识共享提供了更多的机会。组织间信任是以人际信任为基础的，有利于组织之间基于信任的社交网络的形成，不同组织之间成员的交流互动得到加强和促进，更有利于隐性知识在不同组织之间的转移。此外，信任是社会资本的核心构成要素，社会资本文献也已证明信任对组织知识共享的重要性（Willem & Buelens，2007）。基于以上分析，本书提出以下假设。

假设5：组织之间信任对地方高校产学合作知识共享具有显著正向影响。

6.1.3 信息技术环境因素与跨组织知识共享

信息技术本身虽不能有效支持知识共享行为，但是通过技术提供的能力，技术因素成为知识共享活动的关键，被视为与个体因素、组织因素并列影响组织知识共享的重要性因素（Riege，2005）。研究者们已经反复强调信息基础设施的重要性和在组织信息与知识集成方面的应用。

信息技术能够打破不同主体之间信息与知识交流的时空限制，拉近组织成员之间的距离，增进组织成员对组织的认同，对个体的知识共享后具有显著的影响（Hooff & Ridder，2004）。实现跨时空交流的信息技术平台有很多形式，譬如地方高校与企业的内部网站、外部网站、知识社区、电子数据库系统、信息管理系统和知识管理系统等。员工运用信息技术的水平与员工的知识共享水平之间存在正向的显著性影响（Kim & Lee，2006）。信息技术的"超时空性"为知识跨越组织边界进行扩散和转移提供了可能，而影响组织知识共享能力的一个关键因素在于地方高校的教师和企业员工对各自组织的内部网络、门户网站、数据库、信息管理系统、知识网络社区等信息技术的利用水平。可见，组织成员对信息技术的应用水平对地方高校产学合作知识共享产生了重要的影响。

对于地方高校与企业之间的跨组织知识共享而言，地方高校与企业之间信息化建设的统一性也是一项重要的因素。如果地方高校与企业之间信息技术基础设施建设不均衡，水平不一，数据库、信息系统、知识管理系统等信息技术应用系统标准不统一，难以与对方相关部门的应用系统进行有效兼容，必然会阻碍知识的跨组织流动和扩散。换言之，无论是信息技术硬件设施，还是应用系统，地方高校与企业之间信息技术运用的异质性和不均衡性，创造了不利于知识跨越组织边界分享的技术环境，使结构化知识和非结构化知识的传递与扩散都变得非常困难，也就更难以分享。相反，如果地方高校与企业之间的信息化建设具有统一性，那么信息技术环境更有利于知识的跨组织分享。因此，信息系统的异质性和信息化的不对称都显著影响地方高校产学合作知识共享的开展。地方高校与企业之间的跨组织信息化建设的统一性会对地方高校和企业之间的知识共享产生影响。基于以上分析，本书提出以下假设。

假设 6：地方高校教师与企业员工的信息技术应用水平对地方高校产学合作知识共享具有显著正向影响。

假设 7：地方高校与企业之间的信息化建设的统一性对地方高校产学合作知识共享具有显著正向影响。

综上，本书构建了地方高校产学合作知识共享影响因素的理论模型，见图 6-1。

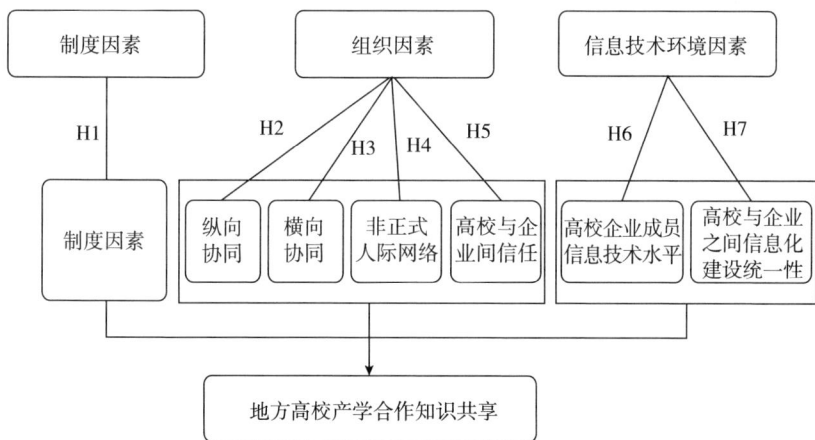

图 6-1　地方高校产学合作知识共享影响因素理论模型

6.2 地方高校产学合作知识共享影响因素的研究设计

6.2.1 量表设计

6.2.1.1 量表设计方法

在管理学领域，很多概念无法直接测量，而以问卷方式进行间接测量则能得到很好实现（范柏乃和蓝志勇，2007）。问卷设计的严谨性，以及良好的信度和效度，直接关系到后文实证研究的结果。根据所构建的研究假设和理论模型，本次实证研究测量的变量主要包括八个，分别是制度因素、纵向协同机制、横向协同机制、非正式人际网络、高校与企业间信任、高校与企业成员信息技术水平、高校与企业之间信息化建设的统一性和地方高校产学合作知识共享行为。其中，地方高校产学合作知识共享行为是结果变量，其他均属于前因变量。

借鉴以往实证研究中的成熟量表被认为是问卷设计的一种有效方式，也被认为是一种好的做法（Remler & Van Ryzin，2015），但同时需要进行量表的本土化改编。因而，本书的调查问卷设计分为两个阶段：第一阶段，翻译国外本领域研究中得到广泛应用的、比较成熟的变量测量量表，并针对有歧义的翻译词汇反复比较，形成测量量表；第二阶段，访谈来自地方高校和企业不同部门的有经验的教师或管理者，邀请他们根据具体的工作情境对量表题项提出修正和优化意见，使测量量表的内容更加符合本土情境特征。

所有测量量表严格按照社会调查量表编制的理论、方法与程序，采用李克特（Likert）五点计分法予以测量，即要求被调查者根据所在部门和自身工作中的实际认知按照 1~5 的顺序对每一个测量题项描述的认同程度做出判断，其中"1"表示"非常不符合"，"2"表示"比较不符合"，"3"表示"一般"，"4"表示"比较符合"，"5"表示"非常符合"。

本书的调研问卷包括三个部分：第一部分为引导语，主要包括知识的概念、研究实施的背景、目的与意义以及实施单位；第二部分为个人基本资料部分，共设计了 8 个问题，用以采集被调查者的性别、年龄、工作年限、受教育程度、高校行政级别、工作性质、企业管理层级和工作岗位等基本信息；第三部分为主体调查部分，共包括 8 个变量：制度因素、纵向协同机制、横向协同机制、非正式人际网络、高校与企业间信任、地方高校教师和企业员工对信息技术的运用水平、地方高校与企业之间信息化建设的统一性和地方高校产学合作知识共享行为。

6.2.1.2　地方高校产学合作知识共享影响因素量表的编制

地方高校产学合作知识共享影响因素的测量量表包括 7 个变量，分别是制度因素、纵向协同机制、横向协同机制、非正式人际网络、高校与企业间信任、地方高校教师和企业员工对信息技术的运用水平、地方高校与企业之间信息化建设的统一性。

（1）制度因素量表的编制

制度因素是指组织内部一些必须遵守的成文政策或指导性原则。本书参考借鉴 Yang 和 Wu（2014）测量题项，结合我国地方高校产学合作政策实践，完成了制度因素量表的本土化编制，形成 3 个测量题项，分别是"政策文件规定了地方高校产学合作与共享的准则""政策文件规定了地方高校产学合作双方跨部门数据、信息和知识共享的权责""政策文件确保了地方高校产学合作双方跨部门共享数据、信息和知识的安全与隐私性"。

（2）组织因素测量

组织因素众多，根据前述的地方高校产学合作知识共享影响因素的理论模型，在此重点考察纵向协同机制、横向协同机制、非正式人际网络和高校与企业间信任对地方高校产学合作知识共享的影响。

组织正式协同机制，主要运用纵向协同机制、横向协同机制加以测量。本书借鉴 Willem 和 Buelens 对上述两种机制的定义：纵向协同机制指按照自上而下的结构层次有计划性地建立起来的一种正式系统，包括正式的程序、流程等形式；横向协同机制则指高校和企业在处置合作项目或任务执行需求中建立起来的一种水平合作机制，具体表现形式包括工作团队、项目组等。因此，本书以 Willem 和 Buelens（2007）的纵向和水平协同机制量表为基础完成了量表的本土化改编。其中，纵向协同机制包括的 5 个测量题项分别是"地方高校与企业工作流程决定应如何与其他部门之间开展协同工作""地方高校与企业的部门之间主要通过报告和正式文件实现知识交流""一般而言，地方高校与企业的部门工作会受到规章制度的限制""地方高校与企业的部门领导在很大程度上决定应该如何完成工作任务""地方高校与企业的不同部门之间的信息和知识交流主要通过行政领导来实现"；横向协同机制包括 5 个测量题项，分别是"设立地方高校与企业跨组织委员会可以让不同部门参与到共同决策中来""设立项目组可促进地方高校与企业开展产学合作""安排专人扮演协调角色以负责协调地方高校与企业不同部门的工作""设定专门流程以促进地方高校与企业合作项目中不同部门间的知识和信息交流""信息和经验经常在地方高校与企业合作的专门会议或指定团队工作中分享"。

非正式人际网络指正式合作机制之外推动地方高校产学合作知识共享的所有非正式结构网络的统称。本书以 Willem 和 Buelens（2007）的非正式协同量表为基础完成了量表的本土化改编，形成 3 个测量题项，分别是"地方高校和企业的不同部门有自己的朋友关系网很重要""人际关系网有助于分享信息和相互学习""工作中遇到困难时，部门朋友可以提供建议和帮助"。

参考已有文献，地方高校与企业之间的信任指合作组织之间（地方高校与企业）坚信合作双方不会利用另一方的弱点去谋取利益，坚信对方会自觉做出对己方有利的事情，双方的信任关系具有强联系性和持续互惠性。因而，本书参考并借鉴了胡平等（2009）对地方高校与企业之间信任的测量，形成 5 个测量题项，分别是"我了解合作双方的基本工作状况""我相信合作双方对知识共享持开放态度""我与合作高校（企业）的相关人员比较熟悉""我相信合作部门成员为达成地方高校产学合作知识共享目标所做出的努力""我相信合作部门能够合理地运用本部门所提供的信息和知识"。

（3）信息技术因素的测量

本书对信息技术因素的测量，借鉴以往文献，重点考察地方高校的教师和企业员工对信息技术的运用水平和地方高校与企业之间信息化建设的统一性对地方高校产学合作知识共享的影响。

地方高校的教师和企业员工对信息技术运用水平变量的测量主要参考借鉴 Kim 和 Lee（2006）开发的量表，最终形成 3 条测量语句，分别是"经常运用网络、电子邮件和电子布告栏与其他组织（地方高校或企业）进行工作交流""经常运用本组织内部网站进行跨组织（地方高校或企业）信息和知识分享""经常运用组织数据库和电子数据管理系统进行业务协同"。

地方高校与企业之间信息化建设的统一性变量的测量参考借鉴 Yang 和 Wu（2014）开发的量表，最终形成 3 条测量题项，分别是"地方高校与企业的知识管理系统是基于兼容性的技术标准而建设""地方高校与企业的信息技术硬件设施是完备的""地方高校与企业都拥有丰富的专业化信息人才"。

制度因素、纵向协同机制、横向协同机制、非正式人际网络、高校与企业间信任、地方高校教师和企业员工对信息技术的运用水平、地方高校与企业之间信息化建设的统一性 7 个影响变量的测量题项和参考来源见表6-1。

表 6-1　地方高校产学合作知识共享影响变量的测量题项和参考来源

影响变量	题项	参考来源
制度因素	政策文件规定了地方高校产学合作与共享的准则	Yang 和 Wu（2014）
	政策文件规定了地方高校产学合作双方跨部门数据、信息和知识共享的权责	
	政策文件确保了地方高校产学合作双方跨部门共享数据、信息和知识的安全与隐私性	
纵向协同机制	地方高校与企业工作流程决定应如何与其他部门之间开展协同工作	
	地方高校与企业部门之间主要通过报告和正式文件实现知识交流	
	一般而言，地方高校与企业的部门工作会受到规章制度的限制	
	地方高校与企业的部门领导在很大程度上决定应该如何完成工作任务	
	地方高校与企业的不同部门之间的信息和知识交流主要通过行政领导来实现	
横向协同机制	设立地方高校与企业跨组织委员会可以让不同部门参与到共同决策中来	Willem 和 Buelens（2007）
	设立项目组可促进地方高校与企业开展产学合作	
	安排专人扮演协调角色以负责协调地方高校与企业不同部门的工作	
	设定专门流程以促进地方高校与企业合作项目中不同部门间的知识和信息交流	
	信息和经验经常在地方高校与企业合作的专门会议或指定团队工作中分享	
非正式人际网络	地方高校和企业的不同部门有自己的朋友关系网很重要	
	人际关系网有助于分享信息和相互学习	
	工作中遇到困难时，部门朋友可以提供建议和帮助	
高校与企业间信任	我了解合作双方的基本工作状况	胡平等（2009）
	我相信合作双方对知识共享持开放态度	

影响变量	题项	参考来源
高校与企业间信任	我与合作高校（企业）的相关人员比较熟悉	胡平等（2009）
	我相信合作部门成员为达成地方高校产学合作知识共享目标所做出的努力	
	我相信合作部门能够合理地运用本部门所提供的信息和知识	
地方高校教师和企业员工对信息技术的运用水平	经常运用网络、电子邮件和电子布告栏与其他组织（地方高校或企业）进行工作交流	Kim 和 Lee（2006）
	经常运用本组织内部网站进行跨组织（地方高校或企业）信息和知识分享	
	经常运用组织数据库和电子数据管理系统进行业务协同	
地方高校与企业之间信息化建设的统一性	地方高校与企业的知识管理系统是基于兼容性的技术标准而建设	Yang 和 Wu（2014）
	地方高校与企业的信息技术硬件设施是完备的	
	地方高校与企业都拥有丰富的专业化信息人才	

6.2.1.3　地方高校产学合作知识共享量表的编制

知识共享概念的内涵和外延相当丰富，已有文献形成了知识属性、知识共享过程、知识共享绩效、层次与范围等不同的理论认识。为区别于一般知识共享行为的测量，凸显出地方高校产学合作知识共享的跨组织属性，本书参考并借鉴 Hooff 和 Ridder（2004）以及 Lin（2007）关于知识共享行为测量的研究成果，经本土化调整最终形成了地方高校产学合作知识共享量表，具体包含知识奉献和知识获取两个维度，即地方高校产学合作知识奉献维度测量向其他组织（地方高校或企业）分享自身所拥有知识的奉献行为，以及地方高校产学合作知识获取维度测量向其他组织（地方高校或企业）寻求知识的获取行为。共包括4个测量题项，分别是"学习到新知识时，我乐意与合作部门（高校或企业）的同事分享所了解的知识""同事有需求时，我很乐意与合作部门（高校或企业）同事分享我所掌握的知识"

"同事请教时,其他部门(高校或企业)的同事乐意分享他们所掌握的知识""其他部门同事学习到新知识时,他们乐意分享他们所掌握的"。地方高校产学合作知识共享测量题项和参考来源见表6-2。

表6-2　地方高校产学合作知识共享测量题项和参考来源

影响变量	题项	参考来源
地方高校产学合作知识共享	学习到新知识时,我乐意与合作部门(高校或企业)的同事分享所了解的知识	Hooff 和 Ridder (2004) Lin (2007)
	同事有需求时,我很乐意与合作部门(高校或企业)同事分享我所掌握的知识	
	同事请教时,其他部门(高校或企业)的同事乐意分享他们所掌握的知识	
	其他部门同事学习到新知识时,他们乐意分享他们所掌握的	

6.2.2　数据采集

本书通过问卷调查的方式采集数据。问卷初稿来源于国外相对成熟的测量量表,再经专家咨询、问卷修正、初始问卷形成、预调研问卷再修正阶段,形成最终调研问卷,选取江西省、陕西省5所地方高校及10家相关企业进行调研,通过面对面、电子邮件和电子问卷相结合的方式发放问卷,在2023年9~12月共发放698份,回收604份,样本回收率是86.53%。问卷在回收后对不符合要求的进行了有效剔除。问卷的剔除标准主要有5个方面:一是将问卷中的空白问卷和填写不完整问卷(有5处以上缺答题项,且为连续性缺答)视为无效问卷;二是对雷同问卷进行有机筛选,对于雷同问卷仅保留一份;三是检查答题者是否认真填写问卷,若所选题项呈现明显的规律性特征,如"Z"形排列、倒"Z"形排列,则将此问卷视为无效问卷,予以剔除;四是对缺答题项数超过5项的问卷予以剔除;五是对连续选择同一题项超过20项,如"完全符合"或"比较符合"者予以剔除。剔除填答不完整问卷或固定反应的 77 份无效问卷后，最终得到有效问卷 527 份，有效问卷的回收率为 75.5%，能够有效满足数据分析的要求。

本书运用 SPSS 28.0 统计分析软件，在对相关数据进行编码并录入的基础上，对问卷的基本背景资料进行了描述性统计分析。被调查对象的基本特征见表6-3。

表6-3　样本的基本特征分析

变量	类别	N	占比（%）	变量	类别	N	占比（%）
性别	男	316	60	高校行政级别	科员（含一线教师）	161	30.6
	女	211	40		副科级	86	16.3
年龄	30 岁及以下	74	14		科级	67	12.7
	31~40 岁	139	26.4		副处级	26	4.9
	41~50 岁	226	42.9		正处级及以上	16	3.0
	51 岁及以上	88	16.7	企业管理层级	普通员工	104	19.7
受教育程度	大专及以下	32	6.1		业务经理	27	5.1
	本科	143	27.1		部门主管	19	3.6
	硕士研究生	288	54.7		副总经理	14	2.7
	博士研究生	64	12.1		总经理	7	1.3
工作年限	5 年及以下	97	18.4	工作岗位	综合管理类	282	53.5
	6~10 年	149	28.3		专业技术类	245	46.5
	11~15 年	213	40.4	工作性质	一线教师（员工）	224	42.5
	16 年及以上	68	12.9		行政人员	303	57.5

表6-3 样本的基本特征分布数据显示，本次问卷的调查样本具有较好的代表性。第一，从性别看，调查样本中男性 316 人、占比为 60%，女性 211 人、占比为 40%，高校和企业中的男性教师、员工和管理者比例略高于女性。第二，年龄分布比较合理。31~40 岁和 41~50 岁之间的被调查者最多，占比分别为 26.4% 和 42.9%；其次是 51 岁及以上的被调查者（该年龄段数据高校被调查者人数高于企业人数），占比 16.7%，30 岁及以下被调查

者最少，占比14%。这种年龄分布表明调查对象覆盖了各个年龄段的人群，而且相对集中在31~40岁和41~50岁具有管理与合作经验比较丰富的被调查者中。第三，受教育程度（即学历分布）符合当前高校和企业的布局现状，硕士研究生学历的被调查者人数最多，占比为54.7%；其次是大学本科学历，占比为27.1%；博士研究生学历的被调查者多来源于高校，占比为12.1%；大专及以下的被调查者多来源于企业的一线员工，占比为6.1%。表明被调查对象的整体知识层次较高，他们往往在工作中表现出更多的知识需求、分享和学习等行为。第四，工作年限分布较为均衡，被调查者中，5年及以下、6~10年、11~15年和16年及以上占比分别为18.4%、28.3%、40.4%和12.9%。相对来说，工作11~15年和16年及以上人员，其管理与合作的经验比较丰富。第五，从工作级别来看，问卷围绕高校的行政级别和企业的管理层级分别进行了调研。高校中，科级及以下被调查者占比为59.6%，副处级及以上占比为7.9%；企业中，部门主管及以下被调查者占比为28.4%，副总经理和总经理等企业高管中的被调查者占比为4%。结合高校与企业的数据来看，基层组织员工占比为88%，中高层管理者占比为12%，基本与目前地方高校和企业级别分布情况吻合。第六，从工作岗位和工作性质两个角度来看，以综合管理类和专业技术类划分，两类被调查者的占比分别为53.5%和46.5%；以一线教师（员工）和行政人员划分，两类被调查者占比分别为42.5%和57.5%。两种划分结果采集的数据基本均衡，表明工作岗位和工作性质分布基本反映了地方高校和企业的岗位和从事工作性质的实际状况。

6.2.3 量表分析

本书对于制度因素、纵向协同机制、横向协同机制、非正式人际网络、高校与企业间信任、地方高校教师和企业员工对信息技术的运用水平、地方高校与企业之间信息化建设的统一性和地方高校产学合作知识共享等研究变量的测量，均参考借鉴国内外相对成熟的研究量表。量表普遍经过国外学者的反复运用，信度和效度都得到了检验，故本书没有对研究变量的测量量表进行预分析，而是直接进行正式测量。为了保证量表测量的可靠性和有效性，本书首先随机选取一半的样本数据对测量量表进行条目总相关系数（CITC）分析和探索性因子分析，然后运用整体样本进行信度和效度分析。

6.2.3.1　CITC 分析和探索性因子分析

本书首先对量表进行 CITC 分析，以净化量表中可能包含的不符合要求的测量题项。一般认为，如果 CITC 小于 0.5，通常需要删除该题项。因此，本书将 0.5 作为净化测量题项的标准。同时运用 Cronbach's Alpha 系数（以下简称 α）分析测量题项的内部一致性系数，进行信度评价。在测量题项净化前后，一般都要计算 α 系数。α 系数值介于 0~1 之间，当测量题项的 α 在 0.6 以上时，表示信度符合要求。

测量题项净化后，再对其进行探索性因子分析。首先，对样本进行 KMO 检验和 Bartlett 球形度检验，以判断是否适合做因子分析。KMO 值用以考察变量间的偏相关性，取值在 0~1 之间。本书借鉴马庆国（2024）给出的判断标准，即 KMO 在 0.9 以上表示非常适合做因子分析，0.8~0.9 表示很适合，0.7~0.8 表示适合，0.6~0.7 表示不太适合，0.5~0.6 表示很勉强，0.5 以下表示不适合；Bartlett 球形度检验的统计值显著性概率小于或等于显著性水平时，可以做因子分析。本书采用主成分分析法，按照特征值大于 1 的原则和最大方差变异旋转抽取因子。大多数统计学者也认为，若测量题项的因子载荷大于 0.5，而且累计解释方差比例（Cumulative % of Variance）大于 50%，则表示测量符合要求。

（1）制度因素量表的 CITC 分析和探索性因子分析

根据以上分析原理和标准，对制度因素的测量量表进行 CITC 分析和探索性因子分析，其分析结果分别见表 6-4 和表 6-5。由表 6-4 可知，地方高校产学合作知识共享 3 个测量题项的 CITC 值均大于或等于 0.5，符合检验标准，删除题项后的 α 系数均小于未改动前的该量表整体的系数 0.932，说明该量表符合测量要求。

表 6-4 制度因素量表的 CITC 分析和信度统计

测量题项	CITC	删除题项后的 α 系数	Cronbach's α
SP1	0.872	0.926	
SP2	0.904	0.877	0.932
SP3	0.885	0.914	

表 6-5 制度因素量表的探索性因子分析

测量题项	因子载荷
SP1	0.923
SP2	0.958
SP3	0.942
KMO 值	0.762
Bartlett 球形度检验卡方值	792.584
Sig.	0.000
特征值	2.495
累计解释方差变异（%）	88.376

由表 6-5 可知，共享政策测量量表的 KMO 值为 0.762，大于 0.7；Bart-lett 球形度检验的显著性概率为 0.000，满足小于 0.05 的检验标准，表明适合做因子分析。因子分析抽取出一个特征值大于 1 的因子，其特征值分别为 2.495；该因子累计解释的方差比例是 88.376%，超过了 50% 的检验标准；3 个测量题项的因子载荷都超过 0.5，表明各测量题项测量了同一概念，能较好地反映对应的测量变量。

（2）组织因素量表的 CITC 分析和探索性因子分析

根据以上分析原理和标准，对纵向协同机制、横向协同机制、非正式人际网络、高校与企业间信任的测量量表进行 CITC 分析和探索性因子分析，其分析结果分别见表 6-6 和表 6-7。

表 6-6　组织因素量表的 CITC 分析和信度统计

测量题项	CITC	删除题项后的 α 系数	Cronbach's α
VC1	0.791	0.835	
VC2	0.742	0.779	
VC3	0.703	0.763	0.847
VC4	0.716	0.802	
VC5	0.732	0.817	
HC1	0.768	0.896	
HC2	0.845	0.901	
HC3	0.772	0.885	0.924
HC4	0.786	0.899	
HC5	0.743	0.900	
IS1	0.756	0.718	
IS2	0.682	0.784	0.803
IS3	0.653	0.700	
DT1	0.877	0.912	
DT2	0.861	0.925	
DT3	0.850	0.937	0.947
DT4	0.793	0.911	
DT5	0.809	0.928	

　　由表 6-6 可知，纵向协同机制 5 个测量题项的 CITC 值均大于 0.5，符合检验标准，删除题项后的 α 系数均小于未改动前的该量表整体的 α 系数 0.847，说明该量表符合测量要求。横向协同机制 5 个测量题项的 CITC 值均大于或等于 0.5 符合检验标准，删除题项后的 α 系数均小于未改动前的该量表整体的 α 系数 0.924，说明该量表符合测量要求。非正式人际网络 3 个测量题项的 CITC 值均大于或等于 0.5，符合检验标准，删除题项后的 α 系数均小于未改动前的该量表整体的 α 系数 0.803，说明该量表符合测量要求。部门间信任的 5 个测量题项的 CITC 值均大于或等于 0.5，符合检验标准，删除题项后的 α 系数均小于未改动前的该量表整体的 α 系数 0.947，说明该量表符合测量要求。

表 6-7　组织因素量表的探索性因子分析

测量题项	因子载荷			
	因子1	因子2	因子3	因子4
VC1	0.091	0.154	0.714	0.197
VC2	0.124	0.283	0.685	0.118
VC3	0.087	0.112	0.703	0.052
VC4	0.191	0.038	0.752	0.074
VC5	0.021	0.225	0.692	0.136
HC1	0.037	0.893	0.142	0.061
HC2	0.129	0.875	0.236	0.079
HC3	0.260	0.810	0.152	0.098
HC4	0.281	0.765	0.240	0.215
HC5	0.164	0.754	0.167	0.327
IS1	0.209	0.299	0.209	0.811
IS2	0.252	0.025	0.134	0.823
IS3	0.184	0.239	0.221	0.736
DT1	0.890	0.128	0.182	0.149
DT2	0.883	0.069	0.089	0.182
DT3	0.842	0.172	0.083	0.107
DT4	0.887	0.161	0.152	0.214
DT5	0.841	0.249	0.028	0.138
KMO 值	0.886			
Bartlett 球形度检验卡方值	3233.617			
Sig.	0.000			
特征值	4.075	3.337	2.454	2.212
解释方差变异（%）	23.246	21.229	14.191	13.204
累计解释方差变异（%）	23.246	44.475	58.666	71.870

由表6-7可知，组织因素整体量表的 KMO 值为0.886，大于0.7；Bart-lett 球形度检验的显著性概率为0.000，满足小于0.05的检验标准，表明适合做因子分析。运用主成分分析法对18个测量题项进行因子分析，使用最大方差法进行因子旋转，抽取出三个特征值大于1的因子，其特征值分别为

4.075、3.337、2.454 和 2.212；四个因子累计解释的方差比例是 71.870%，超过了 50% 的检验标准；18 个测量题项对应各自因子的因子载荷都超过 0.5，且不存在跨因子载荷问题，表明各测量题项分别测量了同一概念，能较好地反映对应的测量变量。

（3）信息技术因素量表的 CITC 分析和探索性因子分析

根据以上分析原理和标准，对地方高校教师与企业员工运用信息技术的水平和地方高校与企业之间信息化建设统一性的测量量表进行 CITC 分析和探索性因子分析，其分析结果分别见表 6-8 和表 6-9。

表 6-8　信息技术因素量表的 CITC 分析和信度统计

测量题项	CITC	删除题项后的 α 系数	Cronbach's α
IC1	0.806	0.912	
IC2	0.885	0.851	0.926
IC3	0.836	0.892	
DU1	0.796	0.849	
DU2	0.817	0.828	0.889
DU3	0.773	0.878	

由表 6-8 可知，地方高校教师与企业员工运用信息技术的水平 3 个测量题项的 CITC 值均大于 0.5，符合检验标准，删除题项后的 α 系数均小于未改动前的该量表整体的 α 系数 0.926，说明该量表符合测量要求。部门信息化建设统一性 3 个测量题项的 CITC 值均大于或等于 0.5，符合检验标准，删除题项后的 α 系数均小于未改动前的该量表整体的 α 系数 0.889，说明该量表符合测量要求。

表 6-9　组织因素量表的探索性因子分析

测量题项	因子载荷	
	因子 1	因子 2
IC1	0.896	0.173

续表

测量题项	因子载荷	
	因子 1	因子 2
IC2	0.942	0.101
IC3	0.918	0.108
DU1	0.126	0.878
DU2	0.121	0.915
DU3	0.088	0.886
KMO 值	0.763	
Bartlett 球形度检验卡方值	1273.601	
Sig.	0.000	
特征值	2.669	2.587
解释方差变异（%）	44.312	41.607
累计解释方差变异（%）	44.312	85.919

由表 6-9 可知，信息技术因素整体量表的 KMO 值为 0.763，大于 0.7；Bartlett 球形度检验的显著性概率为 0.000，满足小于 0.05 的检验标准，表明适合做因子分析。运用主成分分析法对 6 个测量题项进行因子分析，使用最大方差法进行因子旋转，抽取出两个特征值大于 1 的因子，其特征值分别为 2.669 和 2.587；两个因子累计解释的方差比例是 85.919%，超过了 50% 的检验标准；6 个测量题项对应各自因子的因子载荷都超过 0.5，且不存在跨因子载荷问题，表明各测量题项分别测量了同一概念，能较好地反映对应的测量变量。

（4）地方高校产学合作知识共享的 CITC 分析和探索性因子分析

根据上述分析原则，对地方高校产学合作知识共享行为进行 CITC 分析和探索性因子分析，其分析结果见表 6-10 和表 6-11。

表 6-10　地方高校产学合作知识共享变量的 CITC 分析和信度统计

测量题项	CITC	删除题项后的 α 系数	Cronbach's α
KS1	0.702	0.786	
KS2	0.693	0.725	0.793
KS3	0.651	0.714	
KS4	0.596	0.748	

由表 6-10 可知，地方高校产学合作知识共享变量 4 个测量题项的 CITC 值均大于 0.5，删除题项后的系数均小于未改动前该变量的 α 系数 0.793，数据在合理范围内，表明该测量量表符合测量要求。

表 6-11　地方高校产学合作知识共享变量的探索性因子分析

测量题项	因子载荷
KS1	0.782
KS2	0.809
KS3	0.851
KS4	0.744
KMO 值	0.677
Bartlett 球形度检验卡方值	479.683
Sig.	0.000
特征值	2.537
累计解释方差变异（%）	64.291

由表 6-11 可知，地方高校产学合作知识共享量表的 KMO 值为 0.677，Bartlett 球形度检验的显著性概率为 0.000，满足小于 0.05 的检验标准表明适合做因子分析。因子分析抽取出一个特征值大于 1 的因子，因子累计解释的方差比例是 64.291%，超过 50%，且 4 个测量题项的因子载荷都超过 0.5，表明 4 个测量题项分别测量了同一概念，能较好地反映对应的测量变量。

6.2.3.2 量表信度分析

信度也叫可靠性，指测量结果的可信程度，反映了测量结果的稳定性、一致性和再现性，也可以视为测量结果受随机误差影响的程度。量表的信度越高，表明测量结果越可靠。本书采用 Cronbach's α 系数指进行各量表的内部一致性系数检验，其中，α 系数值介于 0~1 之间，当信度系数值在 0.7 以上时，表示量表的信度较好，处于可以接受的范围。

表 6-12　测量量表的 Cronbach's α 系数统计

研究变量	Cronbach's α 系数
制度因素	0.932
纵向协同机制	0.847
横向协同机制	0.924
非正式人际网络	0.803
高校与企业间信任	0.947
地方高校的教师和企业员工对信息技术运用水平	0.926
地方高校与企业之间信息化建设的统一性	0.889
地方高校产学合作知识共享	0.793

表 6-12 是基于全部样本数据对制度因素、纵向协同机制、横向协同机制、非正式人际网络、高校与企业间信任、地方高校的教师和企业员工对信息技术运用水平、地方高校与企业之间信息化建设的统一性和地方高校产学合作知识共享进行的信度分析结果统计。由表 6-12 可知，制度因素量表的 Cronbach's α 系数为 0.932，纵向协同机制量表的 Cronbach's α 系数为 0.847，横向协同机制量表的 Cronbach's α 系数为 0.924，非正式人际网络量表的 Cronbach's α 系数为 0.803，高校与企业间信任量表的 Cronbach's α 系数为 0.947，地方高校的教师和企业员工对信息技术运用水平量表的 Cronbach's α 系数为 0.926，地方高校与企业之间信息化建设的统一性量表的 Cronbach's α 系数为 0.889，地方高校产学合作知识共享量表的 Cronbach's α 系数为 0.793。所有变量测量量表的 Cronbach's α 信度系数都在 0.70 以

上，说明测量变量在使用的样本数据中呈现出较好的内部一致性特征，达到可靠测量对量表信度的要求。

6.2.3.3　量表的收敛效度检验

效度是指测量结果在多大程度反映潜在特质的真实特性，收敛效度指同一构念的不同测量指标之间应该具有显著的相关性，即测量相同潜在特质（构念）的测验指标会落在同一共同因素上。测量量表的收敛效度通过对量表的验证性因子分析予以检验。基于全部正式测量数据，本书运用 A-MOS 26.0 版本软件对制度因素、纵向协同机制、横向协同机制、非正式人际网络、高校与企业间信任、地方高校的教师和企业员工对信息技术运用水平、地方高校与企业之间信息化建设的统一性和地方高校产学合作知识共享进行验证性因子分析。

很多统计指标可用来评价模型拟合优度，本书选用常用的拟合优度指标来综合衡量模型的拟合优度。由于近似误差均方根（RMSEA）受样本容量影响较小，成为评价模型拟合程度的常用指标。一般来说，RMSEA < 0.01，表示模型拟合得非常出色；RMSEA<0.05，表示模型拟合得比较好；0.05<RMSEA<0.08，表示模型拟合得不错；0.08<RMSEA<0.1，表示模型拟合得可以接受。此外，良性适配指标（GFI）、调整后适配度指数（AG-FI）、规准适配度指标（NFI）、比较适配度指标（CFI）、相对适配指数（RFI）、增值适配指数（IFI）、非规准适配指数（TLI）等也是常用的判断模型拟合效果的指标，它们的值都在 0~1 之间，数值越大，表明模型的拟合效果越好。通常当上述 6 个指标都大于 0.9 时，表明模型拟合良好。

验证性因子分析中，量表的收敛效度检验通过平均方差抽取量（Average Variance Extracted，AVE）、组合信度（Composite Reliability，CR）和标准化因子载荷数值进行综合判断。平均方差抽取量评价了观察变量相对于测量误差而言所解释的方差总量，值大于 0.5，表示观测变量能够综合起来解释这个潜变量足够的变异。组合信度，也叫建构信度，反映了每个潜变量中所有题目是否能够一致性地解释该潜变量。当该值高于 0.70 时，表示该潜变量具有较好的建构信度。一般而言，当观察变量的标准化因子载荷量大于0.5，各潜变量平均方差抽取量均大于0.5，组合信度大于0.8，说明潜变量具有良好的收敛效度。

（1）制度因素量表的收敛效度分析

制度因素模型变量验证性因子分析的结果见表6-13。从拟合优度指标来看，χ^2/df 为2.372，小于5；RMSEA为0.046，小于0.05；GFI为0.973，AGFI为0.970，CFI为0.983，NFI为0.978，RFI为0.980，IFI为0.994，TLI为0.987，均大于0.9，表明模型拟合效果良好。表6-13同时呈现了各潜变量的收敛效度检验结果。各潜变量对应各观察变量的因子载荷量均大于0.6，表明各个潜变量对应所属题项具有较高代表性，各潜变量平均方差抽取量分别为0.851和0.564，均大于0.5，各潜变量的组合信度分别为0.945和0.835，均大于0.8，表明各潜变量具有良好的收敛效度。

表6-13　制度因素变量的收敛效度

路径			标准化因子载荷	AVE	CR
SP1	<---	制度因素	0.901		
SP2	<---	制度因素	0.943	0.851	0.945
SP3	<---	制度因素	0.910		
KS1	<---	地方高校产学合作知识共享	0.724		
KS2	<---	地方高校产学合作知识共享	0.715	0.564	0.835
KS3	<---	地方高校产学合作知识共享	0.919		
KS4	<---	地方高校产学合作知识共享	0.610		
拟合优度指标值			$\chi^2/df=2.372$；RMSEA = 0.046；GFI = 0.973；AGFI = 0.970；CFI = 0.983；NFI = 0.978；RFI = 0.980；IFI = 0.994；TLI = 0.987		

（2）组织因素量表的收敛效度分析

组织因素模型变量验证性因子分析的结果见表6-14。从拟合优度指标来看，χ^2/df 为2.761，小于5；RMSEA为0.051，小于0.07；GFI为0.904，AGFI为0.921，CFI为0.935，NFI为0.939，RFI为0.919，IFI为0.966，

TLI 为 0.937，均大于 0.9，根据多项指标综合判断，模型拟合效果良好。表
6-14 同时呈现了各潜变量的收敛效度检验结果。各潜变量对应各观察变量
的因子载荷量均大于 0.6，表明各个潜变量对应所属题项具有较高代表性，
各潜变量平均方差抽取量分别为 0.659、0.652、0.721、0.748 和 0.669，均
大于 0.5，各潜变量的组合信度分别为 0.905、0.903、0.885、0.937 和
0.889，均大于 0.8，表明各潜变量具有良好的收敛效度。

表 6-14　组织因素变量的收敛效度

路径			标准化因子载荷	AVE	CR
VC1	<---	纵向协同	0.912		
VC2	<---	纵向协同	0.837		
VC3	<---	纵向协同	0.881	0.659	0.905
VC4	<---	纵向协同	0.707		
VC5	<---	纵向协同	0.689		
HC1	<---	横向协同	0.754		
HC2	<---	横向协同	0.932		
HC3	<---	横向协同	0.815	0.652	0.903
HC4	<---	横向协同	0.787		
HC5	<---	横向协同	0.697		
IS1	<---	非正式网络	0.864		
IS2	<---	非正式网络	0.901	0.721	0.885
IS3	<---	非正式网络	0.779		
DT1	<---	高校与企业间信任	0.846		
DT2	<---	高校与企业间信任	0.965		
DT3	<---	高校与企业间信任	0.868	0.748	0.937
DT4	<---	高校与企业间信任	0.837		
DT5	<---	高校与企业间信任	0.791		
KS1	<---	地方高校产学合作知识共享	0.818		
KS2	<---	地方高校产学合作知识共享	0.711	0.669	0.889
KS3	<---	地方高校产学合作知识共享	0.809		
KS4	<---	地方高校产学合作知识共享	0.923		

路径	标准化因子载荷	AVE	CR
拟合优度指标值	$\chi^2/df = 2.761$；RMSEA $= 0.051$；GFI $= 0.904$；AGFI $= 0.921$；CFI $= 0.935$；NFI $= 0.939$；RFI $= 0.919$；IFI $= 0.966$；TLI $= 0.937$		

（3）信息技术因素量表的收敛效度

信息技术模型变量验证性因子分析的结果见表6-15。从拟合优度指标来看，χ^2/df 为1.787，小于5；RMSEA 为0.041，小于0.05；GFI 为0.988，AGFI 为0.957，CFI 为0.984，NFI 为0.991，RFI 为0.965，IFI 为0.993，TLI 为0.989，均大于0.9，根据多项指标综合判断，模型拟合效果良好。表6-15同时呈现了各潜变量的收敛效度检验结果。各潜变量对应各观察变量的因子载荷量均大于0.6，表明各个潜变量对应所属题项具有较高代表性，各潜变量平均方差抽取量分别为0.767、0.748、0.619，均大于0.5，各潜变量的组合信度分别为0.908、0.899和0.866，均大于0.8，表明各潜变量具有良好的收敛效度。

表6-15　信息技术因素变量的收敛效度

		路径	标准化因子载荷	AVE	CR
IC1	<---	地方高校的教师和企业员工对信息技术的运用水平	0.828		
IC2	<---	地方高校的教师和企业员工对信息技术的运用水平	0.947	0.767	0.908
IC3	<---	地方高校的教师和企业员工对信息技术的运用水平	0.851		
IS1	<---	地方高校与企业之间信息化建设的统一性	0.822		
IS2	<---	地方高校与企业之间信息化建设的统一性	0.956	0.748	0.899
IS3	<---	地方高校与企业之间信息化建设的统一性	0.823		

续表

路径			标准化因子载荷	AVE	CR
KS1	<---	地方高校产学合作知识共享	0.817		
KS2	<---	地方高校产学合作知识共享	0.868		
KS3	<---	地方高校产学合作知识共享	0.779	0.619	0.866
KS4	<---	地方高校产学合作知识共享	0.687		
拟合优度指标值			$\chi^2/df = 1.787$；RMSEA = 0.041；GFI = 0.988；AGFI = 0.957；CFI = 0.984；NFI = 0.991；RFI = 0.965；IFI = 0.993；TLI = 0.989		

6.2.3.4 量表的区分效度检验

区分效度，又称判别效度和区别效度，指在应用不同方法测量不同构念时，不同测量项目之间具有差异性，能够加以区分。区分效度通过用比较 AVE 平方根与变量间的相关系数来反映，如果 AVE 平方根大于潜变量之间的相关系数，则说明不同潜变量的测量题项之间具有明显的区分效度。

（1）制度因素量表的区别效度

制度因素模型中，各潜变量的区分效度检验结果见表 6-16，对角线为各潜变量的 AVE 值。共享政策对地方高校产学合作知识共享相关系数值为0.370，说明共享政策与地方高校产学合作知识共享之间有显著相关性（p<0.001）。同时，相关性系数小于所对应的 AVE 平方根，说明各潜变量之间有一定的相关性，彼此也有一定的区分度，说明各潜变量量表的区分效度理想。

表6-16 信息技术因素变量的收敛效度

研究变量	制度因素	地方高校产学合作知识共享
制度因素	0.851	
地方高校产学合作知识共享	0.370***	0.564
AVE 平方根	0.922	0.750

注：*** 表示 p<0.001。

（2）组织因素量表的区分效度

组织因素模型中，各潜变量的区分效度检验结果见表6-17，对角线为各潜变量的 AVE 值。纵向协同对地方高校产学合作知识共享的相关系数值为 0.285，横向协同对地方高校产学合作知识共享的相关系数值为 0.269，人际网络对地方高校产学合作知识共享的相关系数值为 0.250，高校与企业间信任对地方高校产学合作知识共享的相关系数值为 0.448，其他各变量间的相关系数具体见表6-17。表6-17 的数据说明纵向协同、横向协同、人际网络、高校与企业间信任和地方高校产学合作知识共享之间有显著相关性（$p<0.001$）。同时，相关性系数均小于所对应的 AVE 平方根，各潜变量之间有一定的相关性，彼此也有一定的区分度，各潜变量量表的区分效度理想。

表6-17　信息技术因素变量的收敛效度

研究变量	纵向协同	横向协同	人际网络	高校与企业间信任	地方高校产学合作知识共享
纵向协同	0.659				
横向协同	0.594***	0.686			
人际网络	0.532***	0.441***	0.624		
高校与企业间信任	0.292***	0.335***	0.403***	0.745	
地方高校产学合作知识共享	0.285***	0.269***	0.250***	0.448***	0.615
AVE 平方根	0.812	0.830	0.790	0.863	0.784

注：*** 表示 $p<0.001$。

（3）信息技术因素量表的区分效度

信息技术模型中，各潜变量的区分效度检验结果见表6-18，对角线为各潜变量的 AVE 值。地方高校的教师和企业员工对信息技术运用水平对地方高校产学合作知识共享相关系数值为 0.389，地方高校与企业之间信息化建设的统一性对地方高校产学合作知识共享行为的相关系数值为 0.222，地方高校的教师和企业员工对信息技术运用水平对地方高校与企业之间信息化建设的统一性的相关系数值为 0.231，说明地方高校的教师和企业员工对信息技术运用水平、地方高校与企业之间信息化建设的统一性和地方高校产学合作知识共享之间有显著相关性（p<0.001）。同时，相关性系数均小于所对应的 AVE 平方根，各潜变量之间有一定的相关性，彼此也有一定的区分度，各潜变量量表的区分效度理想。

表 6-18　信息技术因素变量的收敛效度

研究变量	地方高校的教师和企业员工对信息技术运用水平	地方高校与企业之间信息化建设的统一性	地方高校产学合作知识共享
地方高校的教师和企业员工对信息技术运用	0.767		
地方高校与企业之间信息化建设的统一性	0.231***	0.748	
地方高校产学合作知识共享	0.389***	0.222***	0.619
AVE 平方根	0.876	0.860	0.790

注：*** 表示 p<0.001。

6.3　地方高校产学合作知识共享影响因素的实证结果分析

6.3.1　主要变量间的相关分析

本书主要运用 SPSS 28.0 软件分析考察制度因素、纵向协同机制、横向协同机制、非正式人际网络、高校与企业间信任、地方高校的教师和企业员工对信息技术运用水平、地方高校与企业之间信息化建设的统一性和地方高校产学合作知识共享等变量之间的相关程度。变量之间的相关系数统计结果见表6-19。

相关性检验结果显示，多维影响因素对地方高校产学合作知识共享均具有显著相关影响。具体而言，制度因素与地方高校产学合作知识共享显著正相关（$r=0.422$，$p<0.01$），纵向协同机制与地方高校产学合作知识共享显著正相关（$r=0.258$，$p<0.01$），水平协同机制与地方高校产学合作知识共享显著正相关（$r=0.344$，$p<0.01$），非正式人际网络与地方高校产学合作知识共享显著正相关（$r=0.278$，$p<0.01$），高校与企业间信任与地方高校产学合作知识共享显著正相关（$r=0.429$，$p<0.01$），地方高校的教师和企业员工对信息技术运用水平与地方高校产学合作知识共享显著正相关（$r=0.430$，$p<0.01$），地方高校与企业之间信息化建设的统一性与地方高校产学合作知识共享显著正相关（$r=0.223$，$p<0.01$）。此外，制度因素、纵向协同机制、横向协同机制、非正式人际网络、高校与企业间信任也存在显著正相关关系，见表6-19。

表6-19 变量的均值、标准差及相关系数统计

	均值	标准差	KS	SP	VC	HC	IS	DT	IC	DU
KS	3.0972	0.562	1							
SP	3.6782	0.807	0.422	1						
VC	3.7723	0.49	0.258**	0.194**	1					
HC	3.4981	0.718	0.344**	0.284**	0.465**	1				
IS	3.704	0.674	0.278**	0.359**	0.446**	0.388**	1			
DT	3.7542	0.714	0.429**	0.588**	0.259**	0.332**	0.380**	1		
IC	3.6266	0.74	0.430**	0.493**	0.303**	0.355**	0.262**	0.523**	1	
DU	2.5645	0.674	0.223**	0.203**	0.081**	0.072	0.05	0.107**	0.205**	1

注：** 代表显著性水平为1%。

相关矩阵仅表明研究变量间的相关关系及其关系的密切程度，通过相关性检验尚不能说明主要研究变量间的因果关系。当然，变量之间存在的

显著相关性是进一步分析的重要基础，接下来将通过回归分析进一步检验本书的研究假设。

6.3.2 地方高校产学合作知识共享影响变量的假设检验

为了检验所有因素综合效应时，各影响因素的独立显著关系是否依然存在，本书采用了稳健的多元线性回归分析方法。与前述理论模型一致，模型 1、模型 2 和模型 4 分别检验制度因素、组织因素和信息技术因素的每个变量对地方高校产学合作知识共享的影响，进而判断有关理论假设的合理性，验证通过相关分析得到的结论；而模型 3 则评估引入组织因素后制度因素产生影响的变化；模型 5 则用于衡量在单一回归模型中政策、组织和信息技术等多维因素的影响效应。

表 6-20 展示了运用多元线性回归分析方法得到的 5 个模型的回归分析结果。模型 1 仅纳入共享政策变量；模型 2 在模型 1 的基础上，将纵向协同机制、横向协同机制、非正式人际网络和高校与企业间信任等组织变量纳入进来；模型 3 则评估组织变量和政策变量的综合效应；模型 4 则评估信息技术环境变量的影响；模型 5 将制度因素、组织因素和信息技术环境因素等所有影响变量都纳入单一回归模型，以考察其综合效应。

表 6-20　对地方高校产学合作知识共享回归分析的模型系数

	模型 1 制度因素	模型 2 组织因素	模型 3 政策和 组织因素	模型 4 技术环境 因素	模型 5 政策、组织和技术环境因素	
					β	标准化系数 β
常量	2.016**	1.504**	1.373**	1.685**	1.053**	
SR	0.294**		0.159**		0.102**	0.147**
VC		0.079*	0.061*		0.069*	−0.054*
HC		0.178**	0.164**		0.138**	0.176**
IFC		0.075*	0.043*		0.052*	0.052*
DT		0.262**	0.173**		0.131**	0.166**
EUL				0.306**	0.134**	0.176**

	模型 1 制度因素	模型 2 组织因素	模型 3 政策和 组织因素	模型 4 技术环境 因素	模型 5 政策、组织和技术环境因素	
					β	标准化系数 β
ITU				0.118^{**}	0.106^{**}	0.127^{**}
R^2	0.178	0.237	0.268	0.204	0.308	
ΔR^2	—	0.059	0.033	—	0.103	
F	131.366	46.854	44.033	77.386	38.092	
MAX-VIF	1	1.381	1.648	1.044	1.806	
Durbin-Watson	1.512	1.493	1.530	1.505	1.543	

注：** 代表显著性水平为 1%，* 代表显著性水平为 5%。

表 6-20 中各模型的决定系数值、F 值和 p 值显示，所有模型均在 0.001 的水平上显著。此外，方程的 Durbin-Watson 统计值为 1.543，小于 2，说明方程并不存在严重的自相关性；最大方差膨胀因子为 1.806，小于 10，说明各模型不存在多重共线性的问题。综上，可判断 5 个模型的线性关系显著，可以进行后续的讨论分析。

模型 1 考察了政策变量对地方高校产学合作知识共享的影响。模型 1 的回归分析结果表明，制度因素对地方高校产学合作知识共享存在显著性影响（β=0.294，p<0.01），是一个显著的预测变量。这说明现有政策中对知识共享义务和责任界定对高校教师和企业员工的产学合作知识共享行为产生了显著的正向影响，可用来预测地方高校产学合作的知识共享行为。同时，模型 1 的 R^2 为 0.178，说明该模型只解释了因变量中 17.8% 的变化。这个结果清楚地表明，还有其他重要的变量。由于政策对地方高校产学合作知识共享行为的影响符合预期假设，假设通过检验。

模型 2 评估了纵向协同机制、横向协同机制、非正式人际网络和高校企业间信任等组织因素对地方高校产学合作知识共享的影响。模型 2 的回归分析结果表明，纵向协同机制对地方高校产学合作知识共享行为存在显著性影响（β=0.079，p<0.05），横向协同机制对地方高校产学合作知识共享具

有显著正向影响（$\beta = 0.178$，$p < 0.01$），非正式人际网络对地方高校产学合作知识共享行为存在显著性影响（$\beta = 0.075$，$p < 0.05$），高校与企业间信任对员工的跨部门知识共享行为存在显著性影响（$\beta = 0.262$，$p < 0.05$）。分析结果表明，纵向协同机制、横向协同机制、非正式人际网络和高校企业间信任可以显著预测和解释地方高校产学合作知识共享行为。模型 2 的 R^2 为 0.237，这说明模型 2 能够解释因变量 23.7% 的变化，比模型 1 更具有解释力。假设 3、假设 4 和假设 5 都通过假设；但假设 2 的影响方向与原假设相反，未通过假设。

模型 3 结合了模型 1 和模型 2 的所有影响变量，结果显示 R^2 为 0.268，这说明模型 3 能够解释因变量 26.8% 的变化，比模型 1 和模型 2 都更具有解释力。但模型 3 也未改变制度因素和组织因素影响的预测方向和显著性。

模型 4 评估了信息技术因素对于地方高校产学合作知识共享行为的影响。分析结果显示，地方高校的教师和企业员工对信息技术运用水平正向显著影响地方高校产学合作知识共享行为（$\beta = 0.306$，$p < 0.01$），地方高校与企业之间信息化建设的统一性也正向显著影响地方高校产学合作知识共享行为（$\beta = 0.118$，$p < 0.01$），假设 4 和假设 5 通过检验。这些研究结论与之前关于信息技术因素的研究保持一致，都强调了地方高校的教师和企业员工对信息技术运用水平和地方高校与企业基础设施的统一性对于地方高校产学合作知识共享的重要性。模型 4 的 R^2 为 0.204，这说明模型 4 解释了因变量 20.4% 的变化。

模型 5 衡量了包括制度因素、组织因素和信息技术因素在内的所有因素对于地方高校产学合作知识共享行为的影响。分析结果显示，模型 5 的结果与模型 1、模型 2 和模型 4 的结果明显一致，没有改变这些因素对地方高校产学合作知识共享行为的影响方向和显著性。其中，制度因素（$\beta = 0.102$，$p < 0.01$）、纵向协同机制（$\beta = 0.069$，$p < 0.05$）、横向协同机制（$\beta = 0.138$，$p < 0.01$）、非正式人际网络（$\beta = 0.052$，$p < 0.05$）、高校与企业间信任（$\beta = 0.131$，$p < 0.01$）、地方高校的教师和企业员工对信息技术运用水平

（β=0.134，p<0.01）和地方高校与企业之间信息化建设的统一性（β=0.106，p<0.01）对地方高校产学合作知识共享行为有显著正向影响，可以作为地方高校产学合作知识共享的重要预测因素。此外，为了比较所有变量的相对影响，模型5计算了所有变量的标准化系数，用以比较变量之间的相对影响。根据标准化系数，可以得到对地方高校产学合作知识共享行为具有显著性的6个预测因素的重要性排序，依次为：横向协同机制与地方高校的教师和企业员工对信息技术运用水平（β=0.176）、高校与企业间信任（β=0.166）、制度因素（β=0.147）、地方高校与企业之间信息化建设的统一性（β=0.127）、纵向协同机制（β=-0.054）和非正式人际网络（β=0.052）。可见，横向协同机制与地方高校的教师和企业员工对信息技术运用水平对地方高校产学合作知识共享行为影响最大。

综上所述，在系统回顾理论文献的基础上，探讨了制度因素、纵向协同机制、横向协同机制、非正式人际网络、高校与企业间信任、地方高校的教师和企业员工对信息技术运用水平、地方高校与企业之间信息化建设的统一性对地方高校产学合作知识共享行为的影响，提出了7项研究假设；通过实证分析，有6项假设通过实证检验，有关理论分析得到证实。

6.4 协同机制对地方高校产学合作知识共享影响的路径分析

地方高校对知识资源的积累、共享和利用能力被视为其治理能力的重要组成部分。同样地，对于企业而言，最基本的经济资源就是知识，知识管理的能力是企业在不确定环境下保持创新的关键。但是地方高校以及企业内部的层级节制和条块分割的组织管理特征使其所拥有的知识资源不均衡地分布于不同的层级和部门中，因而地方高校和企业要实现产学合作知识共享，需要彼此协作，相互学习，从而推动双方所拥有的知识及其转换模式、知识转换促进条件和外部环境的整合。然而，长期来形成的地方高校与企业的独立化又使两者之间的知识共享具有潜在的利益冲突。此外，地方高校和企业还面临着信息保密与安全、隐私、参与人员及参与范围等多元价值观所带来的不确定性。因此，地方高校与企业试图寻求通过跨组织知识共享来改善知识管理的碎片化和提升高校与企业的知识创造和创新能力，就必须有效回应这些问题所带来的挑战。地方高校产学合作知识共享所具有的复杂性、风险性、嵌入性凸显出知识管理实践中地方高校与企业的跨组织协同结构性机制的重要性。

前文已经证实了协同机制对地方高校产学合作知识共享行为的统计显著性影响，但尚未提及协同机制影响地方高校产学合作知识共享的具体路径；仅通过回归分析指明了不同类型协同机制对地方高校产学合作知识共享的影响方向和影响程度，而路径分析则是回归分析的进一步深化和继续，旨在揭示某一自变量对因变量的直接效应和间接效应，在一定程度上可以弥补回归分析的不足。因而，本书在回归分析的基础上，继续构建协同机制与地方高校产学合作知识共享关系的理论模型，提出相应的研究假设，进而运用路径分析的方法深入揭示地方高校与企业之间的协同机制影响地方高校产学合作知识共享行为的具体机制。

6.4.1　理论模型构建

6.4.1.1　纵向协同机制、高校与企业间信任与地方高校产学合作知识共享

纵向协同机制反映了地方高校和企业在多大程度上运用正式的等级结构、体制和流程来协同地方高校与企业之间以及两个组织的部门之间的行为，为开展地方高校产学合作活动提供了制度和程序的保障，具有规范性、稳定性和计划性。然而，不同于常规的产学合作任务，知识共享活动在本质上要求行为的灵活性和自主性。相对于地方高校与企业各自的知识

管理，产学合作更强调运用纵向协同机制的地方高校和企业在一定程度上应满足知识共享活动的灵活性，同时需要提高高校与企业的各部门之间进行产学合作知识共享的自主性意愿和行为。而人际间和高校与企业间的信任关系则产生于行为的互动之中；持续性的、多频次的行为互动有助于产生情感联系，从而使一方相信对方在互动交往中不会采取有损他方利益的行为。然而，对自上而下的等级结构和体制的依赖会导致地方高校与企业合作的环境日趋僵化，必然会降低地方高校与企业之间自主互动行为的频次，不仅使嵌入部门成员头脑中的知识难以与其他部门的成员进行共享，也不利于建立情感联系和培育信任关系。基于此，本部分提出如下假设。

假设 1：纵向协同机制对地方高校产学合作知识共享具有显著负向影响。

假设 2：纵向协同机制对高校与企业之间信任具有显著负向影响。

6.4.1.2　横向协同机制、高校与企业间信任与地方高校产学合作知识共享

横向协同机制是为协调地方高校与企业之间横向的不同部门之间的项目而进行的某种结构性安排，具有非中心性和灵活性。横向协同机制的运用有助于构建宽松、和谐的合作氛围，促进地方高校与企业不同部门间的行为互动，加速双方合作和交流，拉近双方的情感联系，通过频繁交流和互动培育出良好的信任关系，更进一步推动地方高校与企业之间的合作协同和其成员之间的知识共享行为。横向协同机制为地方高校和企业提供了不同部门间交流和互动的平台载体，如专题会议、项目组等，双方的想法和意见可以通过这些结构性安排得到充分互动，非常有利于隐性知识的共享和深层次的思想交流，促进了知识在地方高校与企业不同部门间的流动与扩散，也使情感互动成为可能，不同部门间的信任关系也得以获得进一步发展的机会。基于此，本部分提出以下假设。

假设 3：横向协同机制对地方高校产学合作知识共享具有显著正向

影响。

假设4：横向协同机制对高校与企业间信任具有显著正向影响。

6.4.1.3 非正式人际网络、高校与企业间信任与地方高校产学合作知识共享

地方高校和企业的各自体系中还有大量的非正式网络结构在地方高校产学合作中发挥着作用。这类网络结构富有弹性和自愿性，能够满足地方高校产学合作知识共享所需要的灵活性，是人际交往、共享知识和工作协作的重要媒介。社会实践中，实践团队被认为是灵活、非正式的知识共享网络的最佳范例，它的形成源于地方高校或企业内或高校与企业部门之间的人际网络员工自愿围绕某个共同关注的特定主题形成论坛，通过面对面交流或网络平台就相关议题分享思想和经验，从而推动地方高校产学合作知识的共享和扩散。同时，非正式的自由交流和行为互动有助于地方高校与企业营造更为轻松自如的沟通环境，使双方在产学合作中为彼此提供更多的机会和空间发展人际交往，培育信任关系。组织社会资本理论也已证明非正式人际交往对于组织知识共享和信任构建的积极作用。知识管理理论强调了非正式社会网络所具有的关系结构的灵活性，交流媒介功能很好地契合了知识的社会属性，使嵌入组织实践中的隐性知识能够有效地被交流和吸收，提升了地方高校与企业间共享知识的广度和深度，并反过来进一步密切地方高校与企业之间的人际关系，加强双方的信任与合作。基于此，本部分提出以下假设。

假设5：非正式人际网络对地方高校产学合作知识共享具有显著正向影响。

假设6：非正式人际网络对高校与企业间信任具有显著正向影响。

6.4.1.4 协同机制、高校与企业间信任与地方高校产学合作知识共享

高校与企业间信任建构在人际信任的基础之上，是蕴含情感成分的理性决策。地方高校与企业知识共享本质是跨越组织边界的协同行为，培育地方高校与企业及其成员之间的信任关系有利于地方高校与企业基于信任

的水平协同关系的形成和增强。地方高校与企业之间成员的交流互动得到加强和促进，不仅确保了显性知识交流的顺畅，更有利于隐性知识在地方高校与企业之间的转移。此外，信任是组织情境和社会资本的核心构成要素，组织情境和社会资本文献均证明了信任对高校与企业间知识共享的重要性。如前所述，不同类型的组织协同对地方高校与企业间信任和知识共享行为产生了不同的影响。当地方高校产学合作知识共享更依赖纵向协同机制时，产学之间缺乏自主而频繁的互动，地方高校与企业间信任难以有效建立，降低了进行知识共享意愿，从而弱化了其跨组织知识共享行为；当地方高校与企业更多运用横向协同机制时，双方及其部门之间的互动和合作会得到加强，促进信任关系的建立，进而提升地方高校产学合作知识共享意愿，扩大地方高校与企业间基于信任关系的深层次知识共享和交流；当地方高校与企业间交流更多依靠非正式协同时，会进一步促进双方及其部门间自主和灵活性的互动交流，为双方及其部门间信任关系的培育营造更为平等和自由的氛围，地方高校产学合作知识共享意愿会提升，地方高校产学合作知识共享行为也会得到强化。基于以上分析，本部分提出以下假设。

假设7：高校与企业间信任对地方高校产学合作知识共享具有显著正向影响。

假设8：高校与企业间信任在协同机制与地方高校产学合作知识共享的关系间起中介作用。

基于以上分析和假设，本书构建了地方高校产学合作知识共享与高校和企业间协同的概念框架，见图6-2。

6.4.2 变量与测量项目的描述性统计

表6-21显示了22个测量变量的描述性统计结果。该结果不仅揭示了研究中各潜在变量及其相应的测量指标，还勾勒了当前地方高校产学合作知识共享的实际状况。

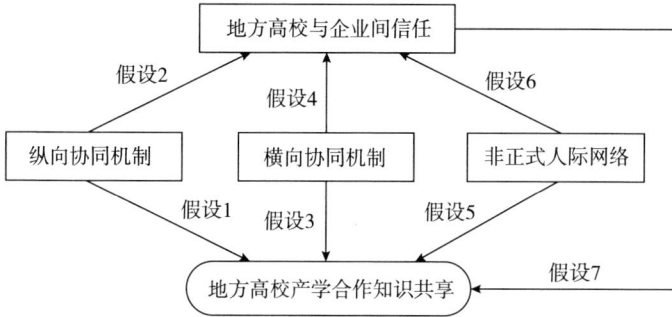

图 6-2　高校与企业的协同机制和信任关系影响

地方高校产学合作知识共享的理论模型

表 6-21　测量变量的构成及其描述性统计结果

潜在变量	测量指标	均值	标准差	偏度系数	峰度系数
纵向协同机制	VS1	3.625	0.809	−0.456	0.341
	VS2	3.727	0.807	−0.508	0.459
	VS3	3.652	0.819	−0.313	0.258
	VS4	3.691	0.804	−0.352	0.232
	VS5	3.724	0.807	−0.488	0.446
横向协同机制	HS1	3.700	0.733	−0.147	−0.092
	HS2	3.745	0.750	−0.204	−0.106
	HS3	3.729	0.766	−0.600	1.010
	HS4	3.810	0.722	−0.365	0.531
	HS5	3.768	0.800	−0.311	0.004
非正式人际网络	IS1	3.561	0.792	−0.222	−0.137
	IS2	3.818	0.769	−0.430	0.077
	IS3	3.684	0.803	−0.564	0.632
地方高校与企业间信任	DT1	3.776	0.736	−0.341	0.489
	DT2	3.869	0.767	−0.319	0.168
	DT3	3.670	0.805	−0.318	−0.021
	DT4	3.778	0.878	−0.445	0.061
	DT5	3.688	0.815	−0.428	0.303

潜在变量	测量指标	均值	标准差	偏度系数	峰度系数
地方高校产学合作知识共享	KB1	3.946	0.877	−0.016	3.469
	KB2	3.806	0.871	−0.156	1.740
	KB3	4.040	0.808	−0.754	0.606
	KB4	3.712	0.870	−0.425	0.214

在组织协同机制层面，三类协同机制的均值都略高于平均分值，表明三类协同机制在地方高校产学合作知识共享实践的运用大致处于中等水平。类似纵向协同机制的运用，地方高校产学合作知识共享在更大程度上依赖正式合作程序、正式文件和规章制度进行，而依赖双方领导的指示和参与开展产学合作知识共享活动相对较少，这种状况符合地方高校产学合作知识共享的实际。现阶段知识的跨组织转移和共享主要依赖自上而下的相关政策和制度的推动，现实中地方高校与企业的领导在推进产学合作知识共享中所发挥的作用相对有限，这可能与地方高校与企业的高层领导知识共享理念不足有关。关于横向协同机制的运用在产学合作项目中较为普遍。在地方高校产学合作的机构中，通常有相对稳定的人员或机构来承担高校与企业的协调和联络的责任。相对而言，产学合作的运作流程得分最低，在一定程度上表明地方高校与企业间合作流程的明确性和规范性不足，需要进一步健全和完善。关于非正式协同机制，测量指标结果表明地方高校和企业中存在跨组织的人际关系网络。人际关系网络的功能之一在于促进跨越地方高校和企业部门边界的知识扩散和交流，使网络中的成员在工作中能相互促进和帮助。

高校与企业间信任的均值水平略高于平均值，说明地方高校和企业中部门之间具有中等程度的信任关系。相对而言，相信合作部门成员努力程度的得分较高，而对于合作部门工作状况了解程度的得分较低，这既说明了地方高校与企业间的合作是增进双方信任的有效手段，也显示了当前地方高校与企业合作中部门间互动和沟通不足的现实。领导支持变量的均值得分最高。从测量指标结果分析，领导较为认同地方高校产学合作知识共享理念，但给予的支持和帮助得分稍低，说明尽管地方高校和企业的领导在产学合作中扮演着不可或缺的角色，但其理念和实质性支持之间还存在差距，需要进一步通过制度建设为地方高校产学合作和知识交流提供更为明确的支持。

对于地方高校产学合作知识共享行为，跨组织的知识获取的均值水平要高于知识奉献的均值，说明无论是地方高校还是企业，其学习型组织的建设取得了一定的成效，高校教师和企业员工都在努力获取部门外部的相关知识以提升自身的综合能力以及工作水平。地方高校与企业之间主动进行知识奉献的均值最低，说明地方高校与企业之间的知识奉献的意愿相对较弱，在一定程度上也反映了韦伯"知识就是权力"的观点——地方高校和企业为维持自身的竞争优势，可能存在着"囤积"知识或拒绝共享知识的行为。

在测量变量的正态性评估方面，所有变量的偏度系数和峰度系数可以说明样本的数据分布符合正态性假设，没有偏离正态分布。

6.4.3　模型拟合、修正及实证检验

从本章的信度和效度的分析结果来看，模型适合进行结构方程分析。基于图 6-2 的概念模型，本书运用 AMOS 26.0 统计分析软件绘制出相应的结构方程路径分析图。初始结构方程模型包含 5 个潜变量和 22 个显变量。其中，纵向协同机制、横向协同机制和非正式人际网络是外因潜变量，分别对应 VC1、VC2、VC3、VC4、VC5、HC1、HC2、HC3、HC4、HC5 和 IC1、IC2、IC3；地方高校与企业间信任和地方高校产学合作知识共享行为是内因潜变量，对应 DT1、DT2、DT3、DT4、DT5 和 KS1、KS2、KS3、KS4。除此之外，模型还包含了 2 个潜变量的残差和 22 个显变量的残差，结构方程模型的路径见图 6-3。

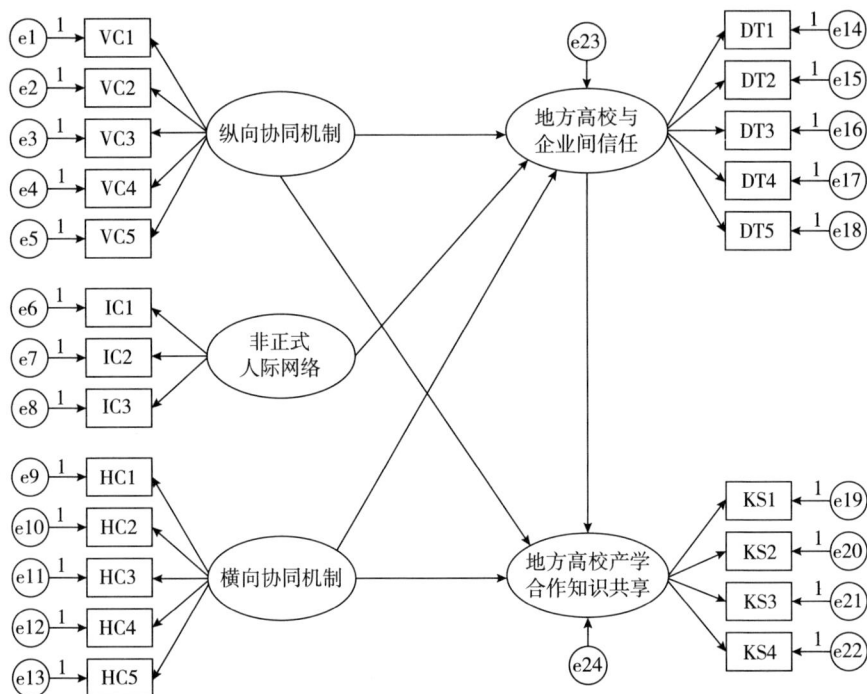

图 6-3 协同机制、高校与企业间信任与地方高校产学合作知识
共享行为关系的模型路径

将拟合后的初始模型命名为 M_0，表 6-22 显示了初始模型 M_0 的拟合结果。从绝对适配度指数来看，M_0 的良性适配指标（GFI）为 0.811，未达到 0.9 的最低标准；渐进残差均方和平方根（RMSEA）为 0.102，超出了 0.08 的最高上限。从增值适配度指数来看，M_0 的规准适配度指标（NFI）、增值适配指数（IFI）、比较适配指数（CFI）分别为 0.874、0.889 和 0.891，均未达到 0.90 的最低标准。从简约适配度指数来看，卡方自由度比值（χ^2/df）为 7.522，超出了 5.00 的最高上限。综上分析，初始模型 M_0 的拟合效果不佳，模型需要修正。

进行数据分析时，模型修正指数 MI 设定为 4，根据软件 AMOS 26.0 给出的修正建议，从 MI 值最大的路径开始尝试修正，在 MI 建议的两个误差项之间添加共变关系，所有修正均符合结构方程修正的要求并具备相应的理论支持。最终的修正模型 M_E 拟合结果见表 6-22。从 M_E 的拟合效果来看，在绝对适配度指数方面，良性适配度指标（GFI）为 0.914，满足大于或等于 0.90 的检验标准；渐进残差均方和平方根（RMSEA）为 0.061，满足小于或等于 0.08 的检验标准；残差均方和平方根（RMR）为 0.027，满足小于或等于 0.05 的检验标准。在增值适配度指数方面，M_E 的规准适配度指标（NFI）、增值适配指数（IFI）和比较适配度指标（CFI）分别为 0.936、0.966、0.962，均满足大于或等于 0.90 的检验标准，卡方自由度比值（χ^2/df）为 3.631，满足小于或等于 5.00 的检验标准。修正模型 M_E 卡方值的显著性检验值（p 值）仍然显著，但卡方值的显著性检验值（p 值）对样本量非常敏感，当样本量增大时，p 值会不断变小。鉴于本书使用的是大样本数据（527 份），应主要结合其他指标对拟合结果进行判断。修正模型 M_E 的各项拟合指标数值均处于检验标准的合理范围之内，这说明修正后的理论模型整体拟合效果较好，可以进行研究假设的检验。

表 6-22　模型配适度评价

统计检验量	模型拟合结果		适配标准或临界值	模型适配判断
	初始模型 M_0 拟合结果	修正模型 M_E 拟合结果		
χ^2/df	7.522	3.631	≤5.00	是
RMSEA	0.102	0.061	≤0.08	是
GFI	0.811	0.914	≥0.90	是
RMR	0.031	0.027	≤0.05	是
NFI	0.874	0.936	≥0.90	是
IFI	0.889	0.966	≥0.90	是
CFI	0.891	0.962	≥0.90	是

6.4.4　路径系数和假设检验

采用最大似然估计得到的理论模型路径系数值以及假设检验见图 6-4 和表 6-23。

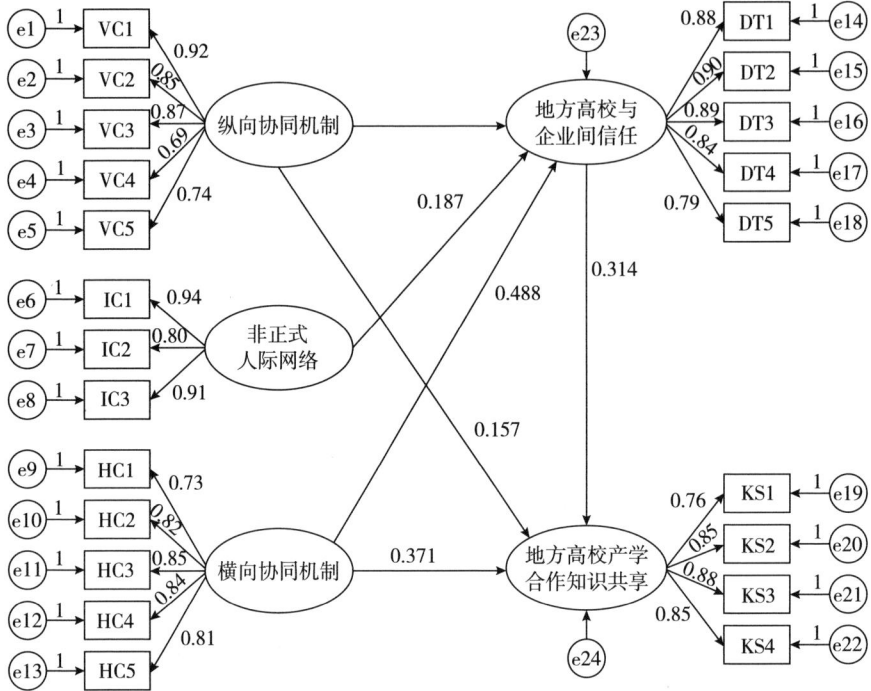

图6-4 协同机制、高校与企业间信任与地方高校产学合作知识共享行为
关系的模型拟合结果

从结构方程模型的检验结果来看，在纵向协同机制影响关系的假设中，假设1关于纵向协同机制显著负向影响地方高校产学合作知识共享的假设未得到支持（β＝0.157，p<0.001），影响关系是显著的，但与预测方向不一致；假设2关于纵向协同机制显著负向影响地方高校与企业间信任的假设未得到支持（β＝-0.061，p＝0.278>0.05），预测方向是一致的，但影响关系不显著。

在横向协同机制影响关系的假设中，假设3关于横向协同机制显著正向影响地方高校产学合作知识共享的假设得到了支持；假设4关于横向协同机制显著正向影响地方高校和企业间信任的假设也得到了支持；在非正式人际网络影响关系的假设中，假设5关于非正式人际网络显著正向影响地方高校产学合作知识共享的假设未得到支持（β=0.052，p=0.236>0.05）；假设 6 于非正式人际网络显著正向影响地方高校与企业间信任的假设得到支持（β=0.187，p<0.001）；假设 7 关于地方高校与企业间信任显著正向影响地方高校产学合作知识共享的假设得到实证支持（β=0.314，p<0.001）。总的来说，在 7 种假设关系中，4 种假设关系得到实证支持，通过检验。就三类协同机制而言，横向协同机制对地方高校产学合作知识共享的总影响效应最强，纵向协同机制的总影响效应次之，非正式人际网络的总影响效应最弱。

表 6-23　路径系数与假设检验

变量间关系	标准化路径系数	显著性检验	假设验证情况
假设 1：纵向协同机制—地方高校产学合作知识共享	0.157	显著（p<0.001）	未得到支持
假设 2：纵向协同机制—地方高校与企业间信任	−0.061	不显著（p=0.278）	未得到支持
假设 3：横向协同机制—地方高校产学合作知识共享	0.371	显著（p<0.001）	支持
假设 4：横向协同机制—地方高校与企业间信任	0.488	显著（p<0.001）	支持
假设 5：非正式协同机制—地方高校产学合作知识共享	0.052	不显著（p=0.236）	未得到支持
假设 6：非正式协同机制—地方高校与企业间信任	0.187	显著（p<0.001）	支持
假设 7：地方高校与企业间信任—地方高校产学合作知识共享	0.314	显著（p<0.001）	支持

6.4.5　地方高校与企业间信任的中介效应检验与讨论

根据研究目的，本书将纵向协同机制、横向协同机制和非正式协同机制整合成地方高校产学合作协同机制这个单一变量，以进一步检验地方高校与企业间信任对地方高校产学合作协同机制和地方高校产学合作知识共享之间的中介效应。本部分利用 Bootstrap 进行中介效应估计和检验，并继续将最大似然法作为中介效应的估计方法，同时使用偏差矫正的（Bias - Corrected）Bootstrap 置信区间估计法进行区间估计。其中，Bootstrap 抽样数设定为 5000 次，置信度水平设置为 95%。中介效应估计与检验结果见表 6-24。

从模型拟合结果来看，各拟合指标均达到了相应的标准，说明模型的整体拟合度较好。基于地方高校产学合作协同机制-->地方高校与企业间信任的标准化直接效应是 0.589，在 95% 置信度下的偏差矫正 Bootstrap 置信区间为 [0.560，0.658]；基于地方高校与企业间信任-->地方高校产学合作知识共享的标准化直接效应是 0.305，在 95% 置信度下的偏差矫正 Bootstrap 置信区间为 [0.215，0.390]；基于地方高校产学合作协同机制-->地方高校与企业间信任-->地方高校产学合作知识共享的间接效应为 0.179，在 95% 置信度下的偏差矫正 Bootstrap 置信区间为 [0.121，0.243]。从分析结果可以发现，部门间信任的中介效应值为 0.179，由于地方高校产学合作协同机制-->地方高校与企业间信任-->地方高校产学合作知识共享 95% 置信度下的偏差矫正 Bootstrap 置信区间不包含零，所以地方高校与企业间信任对地方高校产学合作协同机制和地方高校产学合作知识共享的中介效应显著。地方高校产学合作协同机制-->地方高校产学合作知识共享的标准化直接效应为 0.556，且该影响路径在 0.001 的水平上显著，所以地方高校与企业间信任在地方高校产学合作协同机制与地方高校产学合作知识共享的关系中发挥着部分中介效应，假设 8 得到实证支持，通过检验。

表 6-24　中介效应估计与检验结果

作用路径	估计值	标准误差	BC 95%置信区间		P 值
			下限	上限	
地方高校产学合作协同机制-->地方高校与企业间信任	0.589	0.041	0.560	0.658	0.000

作用路径	估计值	标准误差	BC 95%置信区间		P 值
			下限	上限	
地方高校与企业间信任-->地方高校产学合作知识共享	0.305	0.047	0.215	0.390	0.000
地方高校产学合作协同机制-->地方高校与企业间信任-->地方高校产学合作知识共享	0.179	0.030	0.121	0.243	0.000
地方高校产学合作协同机制-->地方高校产学合作知识共享	0.556	0.044	0.463	0.639	0.000
拟合度检验	$\chi^2/df = 3.910$；GFI = 0.906；RMR = 0.028；RMSEA = 0.063；NFI = 0.940；IFI = 0.966；CFI = 0.955；				

根据上述分析，本章进一步深入探讨了纵向协同机制、横向协同机制和非正式人际网络对地方高校产学合作知识共享行为的影响路径和方式。根据结构方程分析结果和假设检验，本章得出以下结论。

首先，横向协同机制不仅直接正向影响地方高校产学合作知识共享行为，而且通过作用于地方高校与企业间信任进一步提升地方高校产学合作知识共享水平。其原因在于地方高校和企业对横向协同机制的运用有助于改变层级制分工所导致的部门间"封闭分割"的局面，化解信息和知识共享过程中可能存在的各种矛盾和分歧，对促进双方知识共享有直接影响。与此同时，横向协同机制提高了地方高校与企业间不同部门合作的机会，增加了交流与互动的频率，对破除地方高校与企业部门间的隔阂、增进地方高校与企业间的信任具有积极作用；而日趋提升的地方高校与企业间信任水平又进一步密切了地方高校与企业之间的关系，通过加强合作行为提高了地方高校产学合作知识共享水平。

其次，非正式人际网络通过地方高校与企业间信任对地方高校产学合作知识共享的间接影响效应是 0.052。尽管非正式人际网络未对地方高校产学合作知识共享产生直接影响，但是考虑到它在培育地方高校与企业间信任中的重要作用，其对地方高校产学合作知识共享的间接影响力仍值得关注。地方高校与企业的部门中，错综复杂的利益关系及对知识能够维持自身以及部门优势的认知会产生知识"囤积"行为，这必然限制了个体以及地方高校与企业之间的知识共享。非正式的社交网络结构具有弹性和灵活性，有助于创造良好的沟通交流氛围，改善个体之间以及组织之间的关系，增进各参与主体间的信任，对提升知识共享的深度和广度具有重要意义。

最后，纵向协同机制对地方高校与企业间信任无显著影响，但是它对跨组织知识共享的影响得到了证实。不同于横向协同机制，纵向协同机制并非在平等自愿的氛围中进行合作，而是在某种程度上依赖地方高校和企业领导层的权威角色。地方高校和企业均存在知识分布的非均衡性，知识的生产和储存会存在一定的成本；在缺少必要利益补偿机制的条件下，权威地强行介入并重新分配知识资源，会弱化地方高校与企业间的沟通和交流，这种正式的结构安排无助于提升地方高校与企业间的信任水平。但是，纵向协同机制能够暂时缓解个体以及地方高校与企业间的矛盾，其协同中隐含的权威和强制力能够迫使地方高校和企业在某种程度上抑制自身的"经济人"动机，提升协同意愿和动力，对提升地方高校产学合作中知识共享的效率以及质量也能产生一定的积极效应。

第7章 地方高校产学合作知识共享的机制建设与推进策略

在知识经济时代，知识作为组织中具有战略性的要素受到前所未有的重视，如何充分而有效地利用组织中的知识以创造更大的价值成为不同类型组织共同关注的核心议题。对于地方高校和企业而言，实现充分而有效地利用知识的关键环节就在于如何最大限度地共享知识，并通过知识的扩散、整合和创造来增进产学合作能力和提升产学合作价值。由于知识共享活动难以自动发生，产学合作双方必须加强知识共享管理，深入把握那些影响知识共享行为的各种因素，有效地将知识管理和组织管理过程有机结合，充分运用多元化的管理策略；这样才能真正促进地方高校产学合作中知识的共享、整合和利用，实现知识价值的最大化。

在地方高校产学合作知识共享开展实际中，不仅要面临地方高校与企业之间的协同整合和共享问题，同时要解决地方高校与企业部门之间的协同整合与共享问题，并不能一蹴而就。因而有必要从运行过程角度思考如何进一步构建和完善目前的地方高校产学合作知识共享机制。地方高校产学合作知识共享机制不仅关系到高校与企业及其部门所拥有的多样化知识的分享和整合，而且也是地方高校产学合作协同机制的重要组成内容，直接关系到产学合作协同目标和治理效果的实现。因此，本章将回归到地方高校产学合作知识共享的问题上来，将理论研究的基本命题和实证测量的实践结论应用到解决地方高校产学合作知识共享的突出问题上来，目的是推进地方高校产学合作知识共享活动，为地方高校和企业的协同转型和创新提供理论上的依据和实践上的支撑。结合第 1 章至第 6 章研究结论，本章提出构建和完善地方高校产学合作知识共享机制，即完善地方高校产学合作知识共享的组织协同机制、加强产学合作整体性视角下的数据化治理机制，塑造地方高校产学合作知识共享文化培育机制、构建地方高校产学合作知识共享的评估激励和问责机制，以及影响和重塑地方高校产学合作知识共享的动机和行为，推动地方高校产学合作知识共享活动的顺利开展。

7.1 完善地方高校与企业的组织协同机制

地方高校与企业所拥有的知识具有不同程度的互补性和相容性，通过组织协同机制分享和整合地方高校与企业所拥有的多样化知识能够以更有效的方式满足产学合作需求，实现地方高校与企业合作的整体目标。但正如前文所述，长期以来，在地方高校与企业的合作中，往往通过协议设置临时性项目组或者协调机构进行沟通和协同；这种合作多依赖于外在环境、协议或体制的约束，而非源自地方高校和企业内源性的合作需求。从战略层面上前瞻性地构建地方高校与企业间协同机制，建立多层次和多部门参与的产学合作网络结构；从"项目驱动"向"知识驱动"等方向转变，通过产学合作实现知识共享和创造。基于此，本书着重从以下四方面探讨如何优化跨部门知识共享的组织协同机制。

7.1.1 优化地方高校与企业知识共享的横向协同机制

尽管依靠自上而下的等级权威机制在短时间内的确能迅速化解地方高

校与企业及其部门协同中的矛盾和冲突，促进产学合作知识共享，取得立竿见影的效果。然而，从长期来看，它强化了合作双方对权威等级协调的依赖性，难以衍生出横向思考和协调行动的能力；也并未从根本上解决地方高校与企业合作中的各种矛盾冲突，不利于形成整体性思维和协同的理念。前述实证分析结果也证明：在三类协同机制中，横向协同机制的运用对知识在地方高校和企业间的转移、扩散和整合具有关键性影响，不仅对地方高校产学合作知识共享具有直接影响，也可通过构建地方高校与企业之间的信任，间接影响双方的产学合作知识共享。因而，如何强化横向协同机制建设，充分发挥其整合功能，以更好地促进地方高校与企业之间及其不同部门之间的知识沟通、共享和运用，无疑成为产学合作协同机制建设和完善中的重要挑战。

针对产学合作中的复杂性和组织活动与资源的相互依赖性，地方高校和企业在合作中应牢固树立整体解决问题的理念，坚持沟通协商的原则，多运用横向联系思维和横向协同模式满足地方高校和企业合作部门之间的协同需求，从而主动自发地围绕复杂问题进行沟通交流和协商合作，达成决策共识。目前，地方高校和企业合作中校企联席会议制度和项目组牵头制度是确保知识横向协同和共享的基本制度，但在实施过程中亟待进一步完善。

第一，应进一步完善地方高校和企业之间的专项联席会议制度。在现有的协议框架下，建立项目合作的专项联席会议制度。专项联席会议并非上下级关系，而是地方高校与企业部门之间的合作关系。尽管在一些项目的产学合作中设有定期例会制度，但校企部门之间的相互沟通和互动交流比较松散，沟通频率低；而且由于产学合作联席会议主要在地方高校和企业项目部门的决策者之间进行，普通承担工作的成员没有参与协商的机会，客观上难以推动持续性的深层次知识互动和交换。因而，进一步的完善措施应着力于两方面：一方面，严格规范地方高校与企业开展产学合作的具体工作程序，构建并完善以信息共享监管政策协调为主的工作联系机制，在产学合作专项联席会议制度框架下建立工作信息定期通报制度，围绕合作项目信息协同加强定期和不定期的工作经验交流，促进地方高校与企业部门间交流的广度和深度。另一方面，借鉴地方高校和企业内部的联席会议制度经验，参与产学合作沟通协商的人员不仅包括各部门负责人，也应确保那些对合作项目拥有充分知识、技能和权限的工作人员参与研究和协商。唯有如此，所分享的信息和讨论的议题才能更全面地反映产学合作知识共享的系统性特征，从而实质性地促进地方高校产学合作知识的深层次共享和交流，并谋求整体性地解决共同面临的合作项目。

第二，组建以问题导向为主要特征的专项项目组，并建立项目组牵头制度。根据国内外横向协同的经验，专项项目组能够有效整合地方高校与企业内部及企业外部在相关领域具有丰富知识的专家资源协同进行创造性工作，在解决产学合作的项目议题和提供复杂的综合性方案上非常有效。通常由专项项目组的组长全面负责产学合作的目标和任务安排，根据任务需求吸纳高校及企业内外的专家或相关人员参与到专项任务组中，由此可以确保相关部门的工作人员能够根据协同目标和部门利益与部门外的专家和人员围绕合作项目开展有效的知识分享和密切沟通，在全面理解合作项目性质的基础上做出决策。理查德·达夫特（Richard Daft）认为"专项项目组是一种有效的横向联系手段。它是通过直接的横向协调解决问题的，因而可以减少纵向层级链的信息载荷"①。由于产学合作行为之间的相互关联性和依赖性，即使以一个项目为主的合作行为也会引发其他相关部门的反应，从而有必要构建明确主体责任和协调责任的牵头部门制度（根据具体合作项目内容，或以地方高校为牵头部门，或以企业为牵头部门）。在项目组牵头制度框架下，平等协商和共识决策是地方高校与企业间进行横向协同的主要特征；但在部分高校及企业的层级制行政体系中，牵头项目组对相关的平级部门或协作部门没有指挥命令权，故而实际运行过程中，牵头项目组在协调其他部门时往往感到"心有余而力不足"。可见，在项目组

---

① 理查德·L. 达夫特. 组织理论与设计［M］. 北京：清华大学出版社，2003.

牵头制度下，开展产学合作的知识共享并建构共同行动的能力需要赋予牵头项目组一定的组织协调权限，使其能够有效履行联合监管和政策执行方面的协调责任。例如，制定产学合作项目会商制度，将产学合作会商工作机制常态化；明确指出会商工作遵循"谁牵头，谁负责，谁协助，谁配合"的联动机制原则；通过面对面的协商、对话和交流，形成产学合作知识共享成果报告。同时，按照"谁牵头，谁落实，谁反馈"的原则办理，经会商达成一致意见的，产学合作项目组及相关部门必须按照职责分工开展工作，牵头项目组负责会商事项的跟踪落实。

7.1.2　健全地方高校与企业知识共享的纵向协同机制

在一定程度上，地方高校的组织体制呈现典型的官僚式特征，如条块分割、等级分明、层级节制。为了实现复杂的跨组织协同，地方高校在开展产学合作时往往优先选择成立领导小组、委员会等议事协调机构，其主要特征是领导或者直接负责某项工作的主管领导担任产学合作项目组的组长。可见，地方高校现有的协同机制基本上还属于等级制的纵向协调，其共同特征是对上级权威的高度依赖。企业中的等级制较高校而言相对缓和一些，但依旧存在等级制的纵向协调。因而，为了解决产学合作问题而进行的各类知识资源共享活动高度依赖上级领导或具有权威性的行政命令。第六章实证分析结果也表明，纵向协调机制对地方高校产学合作知识共享具有显著的正向影响。

在当前地方高校与企业的组织体制背景下，领导的权威性介入能有效调动下级部门及其领导参与解决问题的积极性，增强产学合作知识共享和解决问题的意愿，因而有助于产学合作中政策的制定、执行和多部门协同。但其不足之处也十分明显，即纵向协同机构虽多，但协同机制不健全。从长远看，应呼吁和倡导建立地方高校与企业部门间的平等对话与共享的横向协同机制，避免因对纵向体制的习惯性依赖而导致部门间的平等沟通协商日益困难。但基于纵向协同在产学合作协同中所处的主导地位，有必要进一步健全纵向协同机制，以促进地方高校产学合作知识共享。

首先，完善跨层级、跨部门的多层次网络化的产学合作协同机制。该机制集中体现在地方高校与企业合作政策制定过程中的协商与协调。利用纵向协同机制，地方高校可以充分发挥高层管理者所具有的广泛调配知识、信息资源的能力，吸纳不同部门、机构或利益相关主体参与；通过纵向层级和横向部门的有机整合，促进地方高校产学合作知识共享交流。因而，围绕政策制定和执行完善跨层级、跨部门的多层次网络化机制至关重要。

其次，在产学合作纵向协同治理机构中可以设立首席知识官或首席信息官。首席知识官或首席信息官的角色对于解决产学合作协同问题至关重要，其目的在于从知识治理的视角创造性管理重要协同主体的关系，以便取得更大的知识共享和互动效应。该角色在某种程度上突破了传统层级体制中自上而下的等级权威影响，将纵向协同机制纳入知识治理框架下，侧重于考察协同主体的专业知识及其关系，而不是对个人或部门地位；并在政策制定和执行各环节推动各协同主体参与，充分表达意见与看法。这有助于树立协同中更具整体性的知识观或信息观，帮助地方高校与企业突破自身所具有的知识局限，培育协同解决问题中进行横向思考的能力和习惯；推动知识在地方高校和企业之间的分享、整合和利用。

7.1.3 创新地方高校与企业之间的知识共享协议缔结机制

高校与企业通过缔结框架协议的方式来应对协同需求已经成为当前产学合作普遍采用的主要方式。为了更高效地实现合作目标和整体目标，提高合作效率，高校与企业之间采用缔结合作框架协议的制度，将原本松散且临时性的合作关系转变为紧密而长期的合作行为，这是高校与企业基于合作项目而自主自发选择的横向合作模式。

知识沟通和交流作为连接地方高校与企业合作的重要环节，是确保产学合作目标和合作实施有效性的重要活动，是支撑产学合作顺畅运行的基本条件。因此，地方高校与企业可以通过自主缔结知识共享协议，来满足双方合作的知识需求，从而推动产学合作知识共享得以深入探讨和研究。从内容上看，产学合作知识共享协议本是地方高校与企业之间合作框架协议不可或缺的重要组成部分。这类协议属于一种非正式制度，是在长期的产学合作工作协调实践过程中逐渐形成的，得到高校与企业共同认可的、约定俗成的、共同恪守的行为准则。而知识共享协议则是为推进产学合作过程中的知识共享而确立的基本规则和参与方式，包含建立共享后的愿景、与产学合作相关的政策、项目性质和问题以及工作方式等跨组织知识共享议题的规划安排、程序规则，尤其应说明沟通磋商的时间和方式、知识共享的范围和方式以及让所有参与部门明确自身应发挥的作用和责任。

7.1.4　培育和拓展地方高校与企业的非正式知识社群

正式的组织协同机制建设对于推进地方高校产学合作知识共享至关重要，该机制在水平层面上能推动高校与企业部门间的横向协同，创造有利于部门知识共享的制度环境和文化氛围；个人层面的技术和知识共享也可以通过引入该机制来实现。譬如，围绕产学合作议题设计更灵活的工作团队、提供给项目组成员更多的跨组织工作机会、开发项目组成员多样化的能力和技能等。这些创新的工作方式能够促进双方项目组成员在不同组织和部门间流动，有效参与产学合作的工作，从而实现跨组织信息、技术、能力和知识的流动。从非正式协议的视角来看，持续培育产学合作的知识社群也是促进地方高校与企业之间知识共享的一种有效机制。

非正式机构是地方高校与企业开展产学合作的正规体制外的组织形式，没有刚性严格的组织设计原则和规范，而是强调不同利益相关主体的广泛参与和磋商；依赖的并非正式规范，而是组织间和人员间的信任关系；在高校和企业建构共识的基础上，围绕特定项目议题开展产学合作与知识共享。而对非正式机构的具体选择，如这项合作究竟是需要通过持续而频繁的公开性对话协商，还是仅通过各类信息和数据的定期交换，取决于地方高校与企业部门之间活动的依赖性及其产生协同工作的性质。

创建基于网络的实践群体来持续分享思想和认识是互联网时代非常具有普遍性意义的非正式协同机构范例，它具有很强的弹性和灵活性，其形成在很大程度上依赖于成员的自主意识和志愿精神。实践中，这种方法有多种类型，既可以是组织内部的实践群体，也可以是跨越不同组织、不同部门的实践群体和跨组织的实践群体，其构成具有不可或缺的三个要素，即领域、群体和实践。知识领域是实践群体构成的基础要素，围绕特定的知识领域，参与者会投入时间和精力分享信息和知识并相互学习，探讨如何有效地解决跨界的工作议题。成员的集聚及其之间的非正式互动，提供了产学合作的建设基础，也创造了个体间建立人际网络联系的机会，使成员间逐渐有共同的语言和相同的目标。这种持续沟通互动极大地促进了产学合作的知识共享，同时促进了实践群体的进一步发展。正是通过这种紧密的共同参与，知识共享才会在群体内来自不同组织和部门的成员中得以发生，信任和关系才能建立。由于成员间自发的、强烈的交互作用，实践群体被公认为促进知识共享和转移的独特的社会结构。非正式的人员互动，更能促进知识分享，尤其是在实践、兴趣与目标相近的实践群体中，其知识的交易更易凸显出效率性，进而为组织创造出更大的价值（Teece，1998）。作为一种自组织、知识共享和不断学习的群体，实践群体注重挖掘和运用组织内和跨组织的知识资本与社会资本，引导组织知识管理从抽象的知识共享过渡到与产学合作密切相关的群体实践中来，比较有效地应对"知识僵化""知识资源分散""共享动机缺乏"的问题（吴丙山等，2012），可被广泛应用于地方高校产学合作知识共享活动中。

7.2　优化产学合作知识共享数据治理环境

随着互联网信息技术的发展，近年来，无论是地方高校还是企业的信息化建设都取得了较快发展，依托信息化系统开展的地方高校与企业的跨组织信息和知识共享也得到了一定程度的发展。但是从全国整体的发展水平来看，高校与企业之间的产学合作共享数据库建设尚处于萌芽状态。高校与企业的信息化平台建设仍各成体系，其标准、政策和工具不统一，在产学合作中难以集成和整合。当今社会已步入大数据时代，强化整体性视角下的数据化治理机制，提升地方高校和企业知识的数据化存储能力和共享能力，是推动地方高校产学合作知识共享的必由之路。

7.2.1　强化数据化治理的制度保障

数据化治理通常被视为管理不同组织数据的一整套治理结构和制度。它既是加强产学合作知识共享顶层设计的需要，也是实现政策协同制定、执行和服务供给的基础保障。建立数据化治理的整体性管理框架就是要从顶层设计上对产学双方所拥有的各类数据、信息和知识系统等进行协调和整合，以推动知识在地方高校与企业间的交换、共享、整合和利用。产学合作知识共享旨在满足合作双方整体性进行决策所需的信息和知识需求，提升产学合作的协同性并创造出更高质量的合作成果，因而，共享知识的管理和知识本身一样重要。过去相当长一段时期，由于缺乏顶层设计，在产学合作的实际运行过程中，高校和企业对数据共享和利用不够重视，出现信息不统一等问题，导致产学合作中的信息滞后或数据缺失，未能较好地实现信息和知识的共享。可见，成功的产学合作知识共享必然要依赖一种结构性的数据化治理框架。

尽管近年来，国家出台了一些促进信息共享和大数据发展及产学合作的政策制度，在一定程度上对跨组织的知识共享具有促进作用。但总的来说，出台的这些制度性规定基本是规范性和政策性文件，在高层次立法领域依然是空白。此外，这些制度性规定大多偏向原则性表述，可操作性不足；在政策执行过程中，往往随意性加大，约束力降低，其权威性受到一定影响。因而，提升产学合作双方整体性的数据化治理水平，应尽快提升当前产学合作知识共享相关领域的法规制度的立法层次，并加强对相关法律规则和规范性文件的协调与整合。这将有助于强化地方高校产学合作中信息和知识共享的责任意识，对其信息和知识共享行为产生强有力的约束作用。

知识扩散和共享中的安全性问题是阻碍地方高校产学合作与知识共享的重要因素。产学合作与知识共享应服从于知识安全战略。无论是高校还是企业，其所拥有的知识因内容不同而具有不同的安全保密等级；相应地，高校和企业的成员因其工作属性的不同也应具有不同的知识操作权限。如何在知识安全框架下有效使用知识是产学合作中地方高校和企业面临的严峻挑战。在信息和知识资源的共享实践中，通常会由于制度规则不够细化和不够可操作化，难以有效地指导产学合作中信息和知识资源的共享活动，出现亟待共享的信息难以共享的情况。要实现知识在产学合作中的共享使用，第一，可以以立法的方式保障知识在高校和企业中的授权使用，明确构建对知识未经授权使用和外泄行为的问责机制。授权管理是一个重要的责任问题，能够让合作双方通过依法收集、储存和管理的信息得以合法使用；此外，以授权的方式使用统一有可靠来源的数据，有助于确保所运用数据的可靠性和流动性，还有助于降低产学合作中的数据成本。第二，基于产学合作中日益增长的知识需求，产学双方也可以借助正式协议实现共享。这些正式协议应详细而明确说明获得数据的使用条件和基本流程，通常包括使用权限和监督、相关的标准和运作流程、信息的协调和整合、可能争端和处理流程、绩效测评标准等。第三，运用知识加密和信息隐藏技术确保具有高安全级别的知识在共享和扩散中依法使用，以尽可能降低因知识泄露而给高校和企业带来的利益损失和负面影响。

7.2.2　构建和完善数据交换平台

目前，由于缺少统一的元数据标准，地方高校与企业之间的数据不可避免地会出现兼容性不足的问题，导致信息系统之间缺乏能够相互连接的通道，缺乏应用的关联，数据整合和利用效率较低。为解决这一问题，大数据、移动互联网和云计算等新兴技术可充分应用于统一的数据共享平台建设中。同时，为确保数据共享平台有效运行，实现与其他资源之间的顺畅链接，在产学合作中还有必要采取以下措施：第一，地方高校和企业应明确信息和知识资源的分类、责任方、格式、属性、更新时限、共享类型、共享方式、使用要求等内容。第二，构建并完善产学合作数据共享的标准体系，包含数据采集、数据质量、共享交换接口、共享交换服务、多级共享平台对接、平台运行管理、网络安全保障等方面，实现数据共享的基础性工作。这些基础建设有助于为处于孤立的信息提供各种协同系统，通过渠道网络共享技术资源。

7.2.3　加强地方高校和企业知识资源开发和管理

在高校与企业的知识创造中，有些知识来源于运用知识管理技术对已有数据和信息的深度挖掘与分析，有些知识已经以文件、资料、图表和视频等形式存在于组织中，有些知识则主要是以价值理念、专业经验、观点、知识等形式存在于高校教师或企业员工的主体意识中，这些知识都是地方高校或企业知识体系不可分割的组成部分。地方高校和企业自身知识资源的分类、开发和利用效率直接决定了其产学合作知识共享的能力。实现知识共享和有效利用的一个前提条件在于地方高校或企业的知识能够被有序获取、开发和利用。加强地方高校和企业内部的知识管理，旨在实现隐性知识显性化、显性知识结构化、个体知识组织化、离散知识集成化（赵越，2011），这是进行知识分享和有效利用的前提与基础性工作。具体而言，应着力加强以下两个方面的工作：

其一，运用多种工具加大对地方高校和企业知识资源的开发和集成。对数据、信息和知识资源进行开发，让其形成更为有序和整合的知识，成为产学合作知识资源共享管理的基础和前提。从知识的存在形态分析，无论是地方高校还是企业，其知识都可分为明晰的显性知识和默会的隐性知识。根据编码化的程度，知识又可分为编码化知识和非编码化知识。不同的知识类型要求采取差异化的知识共享手段和方式。地方高校开展产学合作侧重于从技术层面上重点关注可编码化知识，也就是针对那些能以特定表示方法实现编码和格式化的显性知识以及得到外显化的隐性知识的获取和开发。对于高度明晰化的显性知识源，宜选用合适的知识表示方法经预处理后直接编码，从而转化为能够存储和使用的知识形式。对于地方高校和企业在实践中积累的大量数据和信息，可基于数据挖掘与知识发现技术实现对已有数据和信息的深度分析，从而形成对产学合作有价值的知识体系，具体表现为关联知识、聚类知识、分类知识和预测知识等。对于可外显化的隐性知识，可通过类比、隐喻与假设等方式推动隐性知识向显性知识的转化。目前，一些 AI 技术，如人工神经网络、专家系统等也能提供转化辅助。此外，也可通过知识集成寻找孤立的、小粒度的零碎显性知识之间的联系，形成可用于解决更为复杂问题的新的知识单元。可见运用多种知识管理技术深化地方高校与企业知识资源的分类、整理和挖掘工作十分重要而迫切。数据、信息和知识唯有经过处理才能更为有序化和集成化，从而形成相互关联和高度集成的知识体系，被归集于不同类型的知识仓库中加以运用。这不仅提高了地方高校和企业对生产知识的集成利用率，而且为产学合作与知识共享提供了高质量的知识基础，促进其具有更广泛的适用性和应用性，创造更大的知识应用价值。

其二，构建基于产学合作的知识网络。在数据化治理框架下思考产学合作知识共享管理，其中一个重要视角是如何整合不同层次和不同功能的知识应用系统。目前的产学合作多集中在某一阶段的某一项目或某一单一领域中，产学合作双方缺乏顶层设计和统一规划，因此产学合作的长效性不足；仅寻找对局部特定问题的优化管理和求解，而不同系统之间则缺乏有效的协同和集成，形成了数据、信息和知识孤岛。这不仅降低了知识的利用效率，更削弱了产学合作中整体性解决问题的能力。基于此，在产学合作的数据化治理框架下，有必要进一步强化顶层设计和实施规划的统一性。产学合作知识网络的设计可充分借鉴产业集群知识网络建设的基本原理，即根据不同的宏观政策目标和部门职能活动的关联性建构若干类治理集群，通过明确治理集群内多部门间的知识依赖关系，将多部门的数据库、信息系统和知识库纳入治理集群的知识框架中，从而建立多层次、跨部门的知识共享网络，通过结构化的数据管理更有效地获取、共享、整合和利用这些差异但相互补充的数据，提升产学合作的协同性和质量①。

7.3　培育产学合作知识共享文化

文化属于软制度环境的一部分。荷兰管理学者郝夫斯特认为：文化是在一个环境中人们共同的心理程序，它不是一种个体特征，而是具有相同教育和工作生活经验的很多人所共有的心理程序。组织文化对员工和组织的态度与行为有着潜移默化的塑造、影响和促进作用②。

组织中的知识具有公共物品属性，即消费或使用上的非竞争性和受益上的非排他性，但组织知识的开发、储存和利用又具有鲜明的部门依赖性、嵌入性和复杂性特征，这就必然导致知识共享的社会困境，也就是知识的跨部门或跨组织共享问题，在条块分割的地方高校体制中体现得更为明显。基于此，建设与知识共享协同相适应的组织文化将有助于地方高校产学合作知识共享动机和行为，推动产学合作和知识共享。当前地方高校组织中广泛盛行官僚制文化，敬奉等级、稳定、服从和程序，而共享和合作注重平等、适应性、自由裁量和最终结果，若想转向更新的合作方式，行动者必须暂时放下一些官僚作风（尤金·巴达赫，2011）。作为构建协同性合作的基本内容，产学合作知识共享旨在改变知识配置的孤立状态，加强地方

---

① 顾丽敏. 产业集群知识共享研究——基于社会网络理论［M］. 北京：经济科学出版社，2016.

② 常荔. 政府跨部门知识共享与组织绩效关系研究［M］. 北京：中国社会科学出版社，2023.

高校和企业的知识治理，增进双方进行产学合作知识共享的意愿和动机，促进双方的知识共享行为。可见，官僚制文化的种种特征与产学合作知识共享所要求的文化要素相悖，并不能形成对产学合作和知识共享的有效支持，反而是一种阻碍。在产学合作愈来愈普遍的背景下，推动官僚制组织文化向共享合作文化转变，塑造包含合作、共享、信任等要素的组织软环境对地方高校产学合作知识共享而言就显得极为重要。

7.3.1 培育地方高校与企业合作共享文化

经合组织区分了合作文化和冲突文化两种类型。米勒认为，合作文化不仅能修正个人的预期和偏好，使参与者期望组织中其他人的合作行为，同样，合作文化也能修正单个组织的预期和偏好，形成对其他组织合作的行为期望①。具有凝聚功能的合作文化有助于形成合作行为的预期，团结具有不同利益的个人和组织，塑造共有的价值观和整体性目标，从而消除不同组织和部门间的矛盾和分歧，能够保持协同一致的行动。相反，具有敌对性的冲突文化容易造成利益的对立，使地方高校与企业间的信任降低，加剧产学合作的困难。产学合作知识共享扎根于高校与企业之间的相互依赖性，是开展合作的一项重要内容。正是由于存在地方高校和企业需要共同解决的自主创新问题，产学合作知识共享才具有必要性。因而，地方高校要开展产学合作知识共享，首先面临如何在保持纵向制度的同时，通过追求更宽泛、更具整体性目标而创建的合作领域，支持一种"网络化或横向性的合作文化"（常荔，2023）。这种共享合作文化与传统的官僚制文化有根本区别，它所具备的基本特征表现为：能够跨越组织界限进行思考和行动；有效的跨边界团队合作；具备创新性和创造力；有能力建设战略同盟，进行合作并建立横向信任；能够进行有效的知识管理；具有能够支持整体性政府模式的结构形式；拥有来自合作委员会和横向组织高层领导的明确而连贯的支持；组织中的人员具备跨组织学习的能力。由此可见，培

---

① 丹尼尔·A.雷恩.管理思想的演变［M］.北京：中国社会科学出版社，1997.

育产学合作的文化氛围，重点在于塑造领导者产学合作理念和能力，形成产学合作行为模式，建设协同和联合行动能力。

第一，塑造领导者产学合作理念和能力。合作文化的形成是一个长期的过程，需要地方高校和企业及其所有部门和成员的共同努力。领导者具有的行为示范、资源支持和横向引导作用凸显了其在合作型文化建设过程中所扮演的重要角色。因此，领导者需要转变观念，重塑适应产学合作的领导能力，以带动整个组织价值观念的变化。这种领导能力不是具有等级权威的纵向领导力，而是管理跨组织依赖关系的能力，即在缺少正式权力和纵向激励机制中能够沟通和推动多部门的合作成员围绕共同目标前进的能力；能够从整体性视角重新界定高校与企业的关系，确保有充分资源支持产学合作，推动对整体性建设和运行至关重要的横向活动与纵向责任机制有机结合。要想提升领导者的横向协同能力，可以建立对领导者的联合培训机制，通过跨组织培训，让领导者之间进行充分而深入的沟通，形成产学合作共识，探讨如何通过合作加强知识共享提升自主创新能力。

第二，鼓励形成整体理念与跨组织行为模式。条块分割的地方高校组织体系很容易在实际运行中形成各行其是的局面。而在产学合作中，与企业协同行动成为一种文化理念和行为准则。具体体现在：倡导在产学合作中制定政策采用整体的全局观念，而不是仅从自身视角出发；鼓励在产学合作的具体项目推进中考虑可能引发的横向性问题，并通过合作项目委员会协同解决；评估产学合作所取得的成果；构建产学合作的项目团队；树立产学合作知识共享典范；保证有充分资源支持和推动合作项目中的多部门协同参与。

第三，广泛运用联合培训和交叉培训的方式，加强产学合作能力的建设。培训活动从来都是转变理念和提升能力的重要方式。但传统培训模式的一个特征是以单部门培训为主导，大量的培训活动由在组织人事高校或企业各自设计和安排。高校和企业往往根据自身需求开展相关培训，以提高本组织成员的业务能力和素养为目的。在产学合作的背景下，如何通过高校与企业的跨组织培训来协助形成合作创新的能力变得日益重要。一方面，通过联合培训提升产学合作协同的理念，通过建立突破组织、部门和行业的界限来理解不同主体之间伙伴关系的横向合作意识，探讨如何通过横向协同机制促进产学合作双方及其成员之间的密切合作，同时促进思想、技能、信息和工作方式方法之间的交流和共享；另一方面，利用联合培训进行整合性业务能力和技术能力培训，如通过信息技术运用技能和沟通能力的开发，通过团队学习模式来培育合作意识和合作能力。此外，为提升参与联合培训的积极性，应将培训评估结果广泛应用于奖励和晋升中。

7.3.2 培育地方高校与企业合作信任文化

人际信任是理性的决策，但同时包含有情感成分。有学者对比了不同学科对信任的研究后，认为信任是一方基于对另一方的意图或行为的积极期望，而将自己的脆弱性置于另一方控制下的一种心理状态（Rousseau et al.，1998）。之后，学者将信任概念从人际信任拓展到群体、部门或组织间信任，被定义为群体间或部门间的一种共同信念，即相信另一个群体或部门愿意根据承诺付出真诚的行为努力，愿意在根据承诺进行的谈判中表现诚实，愿意即使有机会也不会占另一方便宜（孙迎春，2014）。可见，地方高校与企业间信任不仅是产学合作关系构成的基本要素，更是地方高校与企业关系深化发展的催化剂。作为发生于地方高校和企业之间的知识活动，产学合作知识共享必然建立在复杂的合作关系上。此外，产学合作知识共享所面临的信息保密与安全等多元化价值进一步凸显了知识跨边界共享的复杂性和风险性，而高校与企业间的良好信任环境比其他任何组织形式都能够更快地减少复杂性和交易成本，降低因不确定性而带来的共享风险，从而有效促进产学合作知识共享。

高校与企业间信任的培育需要投入时间和精力，高校与企业之间持续性的互动和沟通，也有赖于双方之间目标和利益的契合程度。换言之，产学合作的文化能够有利于促进高校与企业双方的信任关系，因为高校与企业之间信任关系并不植根于自身的文化，而是建立在知识、能力和透明度的基础之上，取决于高校与企业之间产学合作过程中目标的一致性、行为的可靠性和可预测性等。具体而言，培育地方高校和企业间信任可采取以下措施：

其一，对共同愿景和目标做出承诺。无论是对地方高校而言，还是对企业而言，共同愿景是双方及其成员围绕合作与发展所共同达成的目标或景象，它以共同价值观为基础，对于产学合作的行为具有凝聚力、感召力和向心力，能缓解和消除潜在的利益冲突，提升参与合作的动机和意愿，形成对产学合作开展的正向评估与期望。可见，对共同愿景和目标的承诺是培育地方高校和企业间信任的基本前提。面对产学合作，愿景和目标的一致性将驱动各部门将自身行为和结果纳入双方整体性视角下思考，进而使彼此间的关系更加密切。因此，地方高校和企业可采取措施促成共同愿景的形成，如建立规范化的合作工作机制和框架协议等正式或非正式的组织方式，建立地方高校与企业间对双方或多方合作的共同愿景和目标的承诺，驱使彼此相信愿意为目标的实现付出真诚的合作和积极的投入，以此作为培育地方高校和企业间信任的基础。

其二，通过良好反馈的互动行为获得可靠性。在现行的地方高校和企业组织体制框架下，可靠性是对产学合作中所表现出的符合互动关系正向预期的一致性和持续性的评估。若高校和企业在产学合作过程中能够表现出信守双方约定承诺的正向一致性行为，互动反馈及时，协同行为有效，且具有可持续性，则表明产学合作是可靠的。可靠性是建构地方高校与企业间信任的基石，它并非单次行为或单方面获得的结果，而是产生于双方或多方持续的反复互动之中，要经过一系列简单而具有承诺性的行动逐渐累积而成。因而，通过良好反馈的互动行为建立彼此的可靠性认知对于培育地方高校与企业间的信任至关重要。例如，信守产学合作中的承诺，既包括文件协议，也包括口头协定；对于涉及双方其他协同部门的横向性议题进行及时反馈和主动交流等。

其三，进行坦诚而持续的沟通协商。在地方高校产学合作中，真诚而持续的沟通能够厘清分歧、缓和矛盾、分享思想、明确共识，无论是对于人际信任还是地方高校与企业间信任，都发挥着基础性但却不可或缺的重要功能。不同于西方市场经济体系的国家，我国是一个重视人际关系的社会，地方高校与企业间的信任也建立在人际信任的基础之上，尤其是关键领导者之间的信任关系。因而，地方高校和企业的关键领导者之间应就产学合作中的重要议题保持持久密切联系，坦诚对话，持续沟通，同时促进双方成员进行深入的思想交流和知识共享。这些措施都有助于塑造协同性的产学合作环境，并持续加强双方信任。

7.4 构建激励约束机制，保障产学合作顺畅高效

7.4.1 建立多元化的利益分配机制

产学合作是地方高校和企业为了实现共同的目标和利益而形成的合作交流关系，也是技术创新的重要组织模式之一。高校和产业之所以合作就是因为双方都能从合作获得一定的利益，如果利益分配得合理得当，那么产学合作将会取得巨大的效益；反之则可能造成不可估量的损失。因此，地方高校开展产学合作知识共享的时候，合作利益分配机制的设立是关键。利益驱动是产学合作得以顺利实现的根本动力，若这一动力机制出现问题，势必影响产学合作的连续性和有效地运作。产学合作利益分配主要是指产学合作过程中，地方高校和企业等各方利益的分配方式和协调关系。地方高校和企业合作的模式按照不同的标准可划分为多种类型，本部分从产学合作知识共享的路径角度对产学合作的模式进行了划分，包括且不限于公开出版、公开会议、人才培养、合作研究、发明专

利许可、技术转移、咨询、衍生企业等模式，这些不同的模式对产学利益分配有不同的要求，如利益分配机制不能单一呆板，应该灵活多样，除按照地方高校和产业组织特性进行机制设计外，还要针对具体的合作模式进行利益的权衡分配。基于技术转移、委托研究、合作研究、共建研发实体、构建产学战略联盟等模式建立多元化的利益分配机制。利益分配机制的设立应该坚持地方高校与企业是紧密的利益共同体的基本原则，努力实现激励兼容、成果共享、风险共担、合作共赢的运行机制，除技术转移、技术许可、技术入股、创业服务和人才委托培养等形式外，还要鼓励企业与地方高校通过共建实验室、合作研究中心等进行产学战略联盟。

另外，产学合作中的利益和风险是同时存在的，利益和风险共担也是产学合作知识共享利益机制设计的基本原则。对于委托研究、合作研究等没有按照预期目标实现技术成果的产出或技术研发失败的，产学合作双方应该按照一定的原则实现分层次、分阶段的风险共担，按照"谁受益多，谁承担风险大"的原则，逐步建立起产学研合作创新利益与风险共担的责任制度。

7.4.2　确立新型的考核体制

促进地方高校产学合作还需要确立新型的考核体制，其是激励地方高校教师工作业绩的重要方法。美国和日本等国家已经以立法的形式将参加产学合作的绩效纳入了对相关人员的绩效评估体制中，并规定产学合作项目参与人员可以分享项目成果转移所获取的收入，从而大大提高了高校教师参与产学合作的积极性。

当前，地方高校的考核体制只注重知识生产导向的考核体制，而忽视了知识创造和共享方面的考核体制，也就是说地方高校缺乏一套科学、系统测度教师工作绩效的评价体系，即地方高校的考核体制出现了与知识经济时代发展要求不匹配的现象。现有的考核体制强调理论研究的基础性指标，多以科研经费、科技产出（包括论文、著作、获奖等指标）为考核依据，忽视了学科之间的差异性，评价体系中也缺乏对于符合应用研究、应用导向的基础研究等产学合作绩效、技术服务绩效等的考核。

随着地方高校职能的演化和产学合作知识共享创新重要性的提高，地方高校传统的考核体制已不能适应知识经济时代的要求，尤其是在提高自主创新能力、建设创新型国家重大战略的实施阶段，亟须改革地方高校的考核体制，将产学合作知识共享工作系统引入地方高校考核体制当中，切实推动地方高校积极高效地参与产学合作知识共享。

7.4.3　构建产学合作知识共享评估机制

在重塑产学合作协同文化理念和协同机制的基础上，地方高校产学合作知识共享还需要构建一套有效的评估激励和责任框架来实现。德鲁克曾指出：在后资本主义社会，构建社会与组织的原理一定是责任。这种组织社会或知识社会，要求组织必须以责任为基础（李正志，2009）。责任指的是按照所同意的期望展示并承担绩效责任，同时回答问题"谁向谁负责？又负责什么？"分享、整合和利用不同部门的多样化知识构成了产学合作的重要内容，明确产学合作知识共享的整体责任、合作部门各自分担的责任及有效的奖惩措施对于推动产学合作知识共享目标的实现意义重大。有必要将地方高校和企业的内部目标和绩效考评指标体系同产学合作知识共享目标联系起来，建立一个责任框架，通过整合评估、激励和问责要素，致力于建立一个鼓励知识共享、创新和学习的责任体系。这会对产学合作双方寻求建立合作和知识共享产生内在的驱动力，确保地方高校产学合作知识共享活动顺利开展和有效运行。

西方国家十分注重发挥绩效评估在推动跨组织协同与合作进展方面的积极作用，明确要求各组织应关注自身目标和绩效考评体系与整体的跨组织协同目标之间的关系，并围绕整体的协同目标确定自身的指标评价体系①。在这个目标整合和评估过程中，凸显出了产学合作知识共享所具有的重大价值。研究者通过高校与企业间的知识共享，发现了绩效目标和指标之间的不一致性。为了构建具有协同性的目标和指标体系，研究者通过整合高校与企业及其相关部门的信息和知识，逐一进行修正，设计出一套结合多部门内部指标的、具有跨部门协同性的指标体系（Jones 和 Lucas，2000），有效避免了不同组织间绩效目标及其相应政策的不协调。知识共享活动贯穿产学合作过程，构建地方高校产学合作知识共享评估框架旨在将高校与企业部门知识共享目标评估与产学合作知识共享目标和整体性的合作目标相结合，推动产学合作双方横向思考和整体性协同的思维，提升运用知识协同彼此行为的能力。

对地方高校产学合作知识共享开展有效性的评估，既应反映整体性共享评估，即涉及知识共享环境、结构和效果的整体性评估，也应反映各部门知识共享责任指标，即对参与产学合作知识共享活动态度和行为的评估，由此形成层次不同、内容各异的地方高校产学合作知识共享评估框架。

第一个层面是评估产学合作中知识共享活动。产学合作中的知识共享活动是地方高校与企业合作并共享知识的重要内容，对其活动要素、运行机制和产出结果的综合评估也构成了产学合作绩效整体不可分割的重要组成部分。长期以来，产学合作绩效评估建立在高校与企业各自职能分工的基础上，注重各自的目标实现及其相应的绩效评估工作，但对产学合作的整体性目标及其绩效管理重视不足；整体性预算和绩效评估框架的缺失不利于推进产学合作知识共享活动的开展，也难以改善横向部门间的协商与合作。基于此，加强地方高校产学合作知识共享的整体性评估意义重大。产学合作知识共享评估可视为产学合作绩效评估系统的一个子系统，由产学合作知识共享的组织要素、运行过程和产出效果等内容构成整体性评估。具体而言，评估内容主要包含四个方面：一是共享知识的范围、类型等特性是否体现了产学合作项目的知识需求？二是是否创建了有利于地方高校

---

① 常荔. 政府跨部门知识共享与组织绩效关系研究［M］. 北京：中国社会科学出版社，2023.

产学合作知识共享的组织架构、制度环境和共享平台？三是是否构建了推动地方高校产学合作知识共享的不同层次、不同形式的程序性机制？四是地方高校产学合作知识共享的目标、产学合作项目的预期目标和产出结果是否能够有效实现？是否出现了政策内容和执行过程的冲突和矛盾？组织运行效率是否得到提升？

第二个层面是对地方高校和企业各部门知识共享的评估。地方高校和企业各部门之间具有不同程度的关联性，这种关联性引发了对其他部门互补性信息和知识资源的内在依赖。从组织间关系视角来看，部门知识共享评估对于整体性的合作目标和各部门自身的目标实现而言都有重要的意义。对部门知识共享层面的评价将侧重于考察部门参与产学合作知识共享的行为及其目标整合情况，着眼于推进地方高校与企业各部门履行责任的过程中必要的横向思考和知识共享的态度与行为。因此，对于地方高校和企业的部门层面，应以评估部门应履行的知识共享责任为依据开展，评估内容将聚焦于部门层面的知识共享过程、横向的目标整合和绩效评估状况。具体而言，评估内容将包括以下四个方面：一是地方高校与企业各部门是否履行了产学合作中的知识共享责任？其知识共享范围、内容、类型等是否满足了横向协同的需求？二是各部门的合作目标及其绩效指标体系设计是否通过横向思考，将相关部门的知识融合在自身合作项目解决框架和自身绩效评估体系的建构中？三是部门绩效目标设计是否与产学合作知识共享目标和整体性目标之间建立了有机联系？四是部门履责行为与绩效目标的达成是否与其他关联部门的绩效目标存在潜在冲突？

明确内容和细化标准是对不同层面的知识共享进行评估的基础性工作。它不仅为地方高校产学合作知识共享评估提供了直接、可靠的依据，而且有助于引导地方高校和企业各部门从整体性和协同性视角思考产学合作知识共享活动，推动各部门在更为整合性的责任框架内履行自身职责，推进各部门寻求建立产学合作和知识共享的内在驱动力。尽管开展地方高校产学合作知识共享活动依赖各部门的积极参与，但实践中不可避免地受部门利益影响：非主体责任部门在协同活动中会倾向于采取被动、消极的态度应对产学合作知识共享。因此，对部门参与态度、互动行为、履行责任、工作绩效进行评估，为实施部门激励和问责提供了科学依据，有助于激励地方高校和企业各部门积极参与产学合作知识共享活动。

第8章 研究结论与展望

本书系统梳理和回顾了产学合作知识共享的理论文献，在知识管理理论、交换理论、资源依赖理论以及知识创造、三重螺旋和企业知识理论等经典产学合作知识共享的理论基础上，将理论研究与实证研究、定性研究与定量研究紧密结合，综合运用文献分析法、规范分析法、问卷调查法和统计分析法，聚焦地方高校产学合作知识共享的现状、共享不足的原因分析、影响因素分析的研究。本章将关注本书的主要结论及其研究价值，并在此基础上，提出本书存在的局限性和未来的研究方向。

8.1 主要研究结论

21 世纪是知识经济主导的时代，知识成为经济发展的战略性资源，知识与创新成为各个国家获得国际竞争优势的核心焦点。经济全球化、网络化、信息化进一步加速了开放式合作创新时代的到来。地方高校和企业作为地方经济系统中的两大 R&D 主体，它们的合作对经济增长的贡献越来越重要。产学合作知识共享的本质是知识的生产、创新和应用，随着大学知识功能和企业知识边界的动态演化，产学合作出现了新的理论态势。加之地方高校正在寻找以产学合作为突破口提高自主创新能力的具体战略路径，需要管理策略的有效干预，因此，探讨合作情境下地方高校产学合作知识共享活动，以构建促进知识在产学合作中共享的组织架构和管理机制具有重要的理论意义和现实意义。

8.1.1　地方高校产学合作的困境及原因分析

基于已有理论文献，同时结合合作中的动因与机制分析，本书发现，导致产学合作的困境体现在三个方面：一是制度供给不足和权责划分不清等结构性因素；二是产学双方各自目标的理性主体在横向协商过程中无法达成一致的因素；三是行动者充满策略性的交互行动结构，以及"有组织的无序"状态。本书重点研究了"有组织的无序"状态，"有组织的无序"从三个方面使合作行为陷入困境：一是每个合作参与者对合作过程中的规则和秩序的认识都变得局部化了；二是人们试图通过制度安排来促进合作的努力总是会遇到各种困难；三是关于合作形成的各种知识也被相对化了，这在很大程度上为合作顺利展开制造了障碍。通过分析，本书得出以下结论：产学合作困境的生成，一方面受到各种有序、规则的结构性因素（比如体制、制度安排等）的影响，另一方面又受到微观行动世界中各种无序行动结构的影响。本书从资源稀缺、信息不对称或信息不完全、有限理性、利益冲突、机会主义倾向、合作成本、制度制约七个方面深度剖析了产学合作困难的原因，主要表现在：高校和企业参与合作的动力不足以及高校和企业采用的合作手段无法较好地实现各自的利益。

8.1.2　地方高校产学合作知识共享的影响因素研究

本书从合作与协同的视角，将制度因素、地方高校与企业及其部门间协同机制、协同关系和信息技术环境等多维因素纳入产学合作知识共享的整体框架中，构建了多维因素与地方高校产学合作知识共享行为关系的理论模型，并提出了相应的研究假设。同时，本书以问卷调查的数据为基础，运用回归分析和路径分析的方法进行实证检验发现：整体而言，横向协同机制和地方高校的教师和企业员工对信息技术运用水平对产学合作知识共享行为影响最大，具有显著的正向影响；地方高校与企业间信任、制度因素和地方高校与企业基础设施建设的统一性产学合作知识共享行为影响位居其次；纵向协同机制和非正式人际网络对地方高校产学合作知识共享的正向影响相对较弱。进一步的实证分析结果发现：横向协同机制不仅对地方高校产学合作知识共享具有直接正向影响，还通过产学合作双方的信任对地方高校产学合作知识共享产生间接影响；纵向协同机制对地方高校产学合作知识共享产生直接正向影响；非正式人际网络通过影响产学合作双方间信任而对地方高校产学合作知识共享产生间接影响。

8.1.3 地方高校产学合作知识共享的机制建设与推进策略

在前述实证研究结果和对我国产学合作的演变历程及地方高校产学合作知识共享的突出问题梳理的基础上，本书发现组织协同机制、数据化治理机制、共享文化培育机制、利益分配和激励约束机制以及制定产学合作促进法是推动地方高校产学合作知识共享的重要机制设计。在此基础上，本书进一步提出具体的实施策略来推动地方高校产学合作知识共享活动，将知识管理理论、组织理论、绩效管理理论等统一纳入地方高校产学合作知识共享研究的框架体系内，弥补了对协同合作与治理范式下地方高校产学合作知识共享研究的不足。这不仅丰富了知识共享管理理论，也为加强地方高校和企业知识共享管理和知识型组织的建设提供了必要的理论指导。

8.2 研究局限与展望

地方高校是我国高等教育主体部分，也是为国家培养人才的主力军。

地方高校承担着为区域经济发展培养适用人才、提供智力支持以及其他服务等重要任务，对区域经济社会的可持续发展起着不可或缺的作用。鉴于此，对地方高校产学合作知识共享活动及其影响的探讨是一项具有重要理论和现实意义的研究。本书虽然从众多角度对地方高校产学合作知识共享的困境、影响因素、影响路径等相关问题进行了探讨，但是有关地方高校产学合作知识共享的研究还有许多难题有待进一步深入探索和挖掘，且理论本身还有需要不断完善的地方，由此引申出了一些新的研究命题，主要包括以下三个方面。

8.2.1　基于知识创造理论的地方高校产学合作创新模式如何界定

知识创造理论包括认识论和本体论两个维度。在认识论维度上"隐性知识和显性知识之间不断动态地相互作用"。在本体论维度上，首先，个体拥有开发知识；其次，组织中的知识将由个体层面转向团队层面与组织层面（包括组织间）。知识创造的螺旋模型就发生在这两个维度上，并随着时间的推移发生相互作用，进而带来创新。产学合作知识共享的本质是开放知识系统和封闭知识系统的合作，两者之间的合作路径为知识互补和知识交互。知识创造的认识论和本体论两个不同的维度对产学合作创新模式的选择存在很大的差异性，具体应该采取什么样的创新模式，是提高地方高校产学合作效率的关键理论问题。

8.2.2　基于知识管理模式的地方高校产学合作运行机制如何构建

长期以来，自上而下式的管理模式和自下而上式的管理模式一直被视为管理过程系列的两极。自上而下式的管理模式背后隐含的假设是，只有高层管理者能够并被允许创造知识，这种模式适合处理显性知识；相反，自下而上式的管理模式假设知识是由那些富有创业精神的一线员工创造的，而来自高层管理者的命令和指令很少，这种管理模式适合处理隐性知识。然而这两种模式都存在一定的局限——忽视了中层管理者。采取自中向上而下式的知识创造及管理模式可以畅通地方高校产学合作知识共享的运行机制。

8.2.3　基于不同产业特性的地方高校产学知识合作路径如何选择与划分

不同的产业对产学合作知识共享路径的选择必然存在差异性，哪些产业更加倾向于通过知识共享路径开展产学合作，哪些产业更加倾向于通过知识创造路径开展产学合作，在两大路径的选择上存在什么样的基准，选择的类型如何划分等，这些问题的解决对于地方高校开展产学合作及创新具有重大战略指导意义，不仅可以为地方高校和企业选择合适的产学合作模式提供参考，更重要的是可以为地方高校与企业合作创新能力的提升制定具体的路径。

由于篇幅限制、理论体系的完整性和测量工作的复杂性，本书没有对以上三大问题作进一步的研究，但是为以上三大问题的解决提供了基本的理论依据。

参考文献

［1］阿而温·托夫勒．第三次浪潮［M］．朱志焱，译．北京：生活·读书·新知三联书店，1983.

［2］阿克塞尔罗德．合作的复杂性：基于参与者竞争与合作的模型［M］．梁捷，等译．上海：上海人民出版社，2016.

［3］埃莉诺·奥斯特罗姆．公共事物的治理之道：集体行动制度的演进［M］．金逊达，陈旭东，译．上海：上海译文出版社，2012.

［4］爱弥尔·涂尔干．涂尔干文集（第1卷）［M］．渠敬东，译．北京：商务印书馆，2020.

［5］安东尼·吉登斯．民族——国家与暴力［M］．胡宗泽，赵力涛，译．北京：生活·读书·新知三联书店，1998.

［6］安世虎．组织内部知识共享研究［D］．天津大学博士学位论文，2005.

［7］奥利弗·威廉姆森．资本主义经济制度［M］．段毅才，王伟，译．北京：商务印书馆，2002.

［8］白晔，蒋贵凰．工作团队内知识转移影响因素分析［J］．企业经济，2016（11）：116-117.

［9］彼得·F.德鲁克．后资本主义社会［M］．傅振焜，译．北京：东方出版社，2009.

［10］彼得·圣吉．第五项修炼：学习型组织的艺术与实践［M］．张成林，译．北京：中信出版社，2018．

［11］布劳．社会生活中的交换与权力［M］．李国武，译．北京：商务印书馆，2017．

［12］蔡克勇．21世纪中国教育向何处去（第1版）［M］．长春：吉林人民出版社，1999．

［13］曹勇，向阳．企业知识治理、知识共享与员工创新行为——社会资本的中介作用与吸收能力的调节效应［J］．科学学研究．2014（32）：94-104．

［14］常荔．政府跨部门知识共享与组织绩效关系研究［M］．北京：中国社会科学出版社，2023．

［15］陈星．应用型高校产教融合动机研究［M］．北京：中国社会科学出版社，2020．

［16］陈云．产学研合作相关概念辨析及范式构建［J］．科学学研究，2012（8）：88-92+134．

［17］陈运超．高等教育公益性的现实理性［J］．复旦教育论坛，2008（1）：12-15．

［18］陈至立．辞海（第七版）［M］．上海：上海辞书出版社，2022．

［19］程志，范爱华．促进教师专业隐性知识共享的知识管理策略研究［J］．国家教育行政学院学报，2008（5）：52-56．

［20］代蕊华．高校的教学、科研及其评价［J］．高等教育研究．2010（1）：97-101．

［21］丹尼尔·A.雷恩．管理思想的演变［M］．赵睿，译．北京：中国社会科学出版社，1997．

［22］丹尼尔·贝尔．后工业社会的来临［M］．北京：商务印书馆，1984．

［23］道格拉斯·诺思．制度、制度变迁与经济绩效［M］．杭行，译．

上海：格致出版社，上海：上海人民出版社，2008.

[24] 道格拉斯·诺思. 制度、制度变迁与经济绩效 [M]. 刘守英，译. 北京：生活·读书·新知三联书店，1994.

[25] 董小英. 知识优势的理论基础与战略选择 [J]. 北京大学学报（哲学社会科学版），2004（4）：37-45.

[26] 杜玛，斯赖德. 组织经济学（第3版）[M]. 原磊，王磊，译. 北京：华夏出版社，2006.

[27] 凡勃伦. 有闲阶级论 [M]. 北京：商务印书馆，1964.

[28] 樊治平，孙永洪. 知识共享研究综述 [J]. 管理学报，2006（3）：172-181.

[29] 范柏乃，蓝志勇. 国家中长期科技发展规划解析与思考 [J]. 浙江大学学报（人文社会科学版），2007（3）：27-36.

[30] 冯旭，鲁若愚，彭蕾. 服务企业员工个人创新行为与工作动机、自我效能感关系研究 [J]. 研究与发展管理，2009（21）：46-53.

[31] 逄键涛，温珂. 主动性人格、工作满意度与员工创新行为——对中国医药生物技术企业的实证分析 [J]. 科学学研究，2016（34）：153-162.

[32] 弗莱克斯纳. 现代大学论——英美德大学研究 [M]. 徐辉，陈晓菲，译. 杭州：浙江教育出版社，2001.

[33] 弗里德曼. 资本主义与自由 [M]. 张瑞玉，译. 北京：商务印书馆，1986.

[34] 弗里德曼. 自由选择 [M]. 张琦，译. 北京：机械工业出版社，2008.

[35] 弗里德里奇·哈耶克. 个人主义于经济秩序 [M]. 贾湛，文跃然，等译. 上海：上海人民出版社，2003.

[36] 弗里德里奇·哈耶克. 科学的反革命：理性滥用之研究 [M]. 冯克利，译. 南京：译林出版社，2003.

［37］弗里德里奇·哈耶克. 致命的自负［M］. 冯克利, 胡晋华, 等译. 北京: 中国社会科学出版社, 2000.

［38］富立友. 基于知识共享的组织文化研究［D］. 复旦大学博士学位论文, 2005.

［39］顾丽敏. 产业集群知识共享研究——基于社会网络理论［M］. 北京: 经济科学出版社, 2016.

［40］顾远东, 彭纪生. 组织创新氛围对员工创新行为的影响: 创新自我效能感的中介作用［J］. 南开管理评论, 2010（13）: 32-43.

［41］关晶, 石伟平. 现代学徒制之"现代性"辨析［J］. 教育研究, 2014（10）: 66-67.

［42］郭斌. 知识经济下产学合作的模式、机制与绩效评价［M］. 北京: 科学出版社, 2007.

［43］郭大成. 产学研用紧密结合　推进国家技术创新体系建设［J］. 中国高等教育, 2010（13/14）: 10-12.

［44］韩笑. 产学研合作提升地方高校人才培养质量［J］. 中国高校科技, 2015（11）: 54-55.

［45］何传启, 张凤. 知识创新——竞争新焦点［M］. 北京: 经济管理出版社, 1999.

［46］何介雄. 简论"产教结合"［J］. 教育与职业, 1993（6）: 12-13.

［47］何正斌. 经济学 300 年（第 3 版下）［M］. 长沙: 湖南科学技术出版社, 2009.

［48］赫伯特·亚历山大·西蒙. 管理行为［M］. 杨砺, 韩春立, 译. 北京: 北京经济学院出版社, 1988.

［49］亨利·西季威克. 伦理学方法［M］. 廖申白, 译. 北京: 商务印书馆, 1993.

［50］洪贞银. 高等职业教育校企深度合作的若干问题及其思考［J］.

高等教育研究，2010（3）：62-67.

［51］胡平，甘露，罗凌霄．地方政府部门间信息共享的影响因素间关系研究［J］．管理工程学报，2009（7）：89-93.

［52］霍布斯．利维坦：在寻求国家的庇护中丧失个人自由［M］．吴克峰，译．北京：北京出版社，2008.

［53］简新华．中国工业化与新型工业化道路［M］．济南：山东人民出版社，2009.

［54］姜宝，刘志祥，彭辉．广东省政务信息资源安全共享管理研究［J］．电子产品可靠性与环境试验，2017（3）：59-63.

［55］姜道奎．团队知识共享机制研究［M］．北京：经济科学出版社，2015.

［56］教学做合一下之教科书．陶行知全集（第2卷）［M］．长沙：湖南教育出版社，1985.

［57］教育生活漫忆．陶行知全集（第3卷）［M］．长沙：湖南教育出版社，1985.

［58］杰弗里·菲弗，杰勒尔德·萨兰奇科．组织的外部控制：对组织资源依赖的分析［M］．北京：东方出版社，1978.

［59］赖先进．论政府跨部门协同治理［M］．北京：北京大学出版社，2015.

［60］黎民．公共管理学（第二版）［M］．北京：高等教育出版社，2011.

［61］李工真．大学现代化之路［M］．北京：商务印书馆，2013.

［62］李建华，刘树源．分工与合作：源起性社会伦理的生成［J］．社会科学战线，2024（3）：13.

［63］李拉亚．理性疏忽、粘性信息和粘性预期理论评介［J］．经济学动态，2011（2）：119-126.

［64］李敏，杜鹏程．差错认知、激励偏好对员工创新行为的影响研究

［J］. 科学学与科学技术管理，2014（9）：163-172.

［65］李维安，王世权. 大学治理［M］. 北京：机械工业出版社，2013.

［66］李颖，王振华，王卫征. 支持性人力资源实践、自我效能感与创新行为的关系研究［J］. 科技管理研究，2009（29）：484-486+496.

［67］李正志. 电子政府建设中的行政问责机制探讨［J］. 电子政务，2009（12）：92-96.

［68］理查德·L. 达夫特. 组织理论与设计［M］. 刘松博，石乌云，等译. 北京：清华大学出版社，2003.

［69］理查德·道金斯. 自私的基因［M］. 卢允中，张岱云，译. 北京：科学出版社，1981.

［70］连欣，杨百寅，马月婷. 组织创新氛围对员工例新行为影响研究［J］. 管理学报，2013，10（7）：55-62.

［71］梁林梅，孙俊华. 知识管理［M］. 北京：北京大学出版社，2011.

［72］刘冰峰. 产学合作知识共享［D］. 武汉理工大学博士学位论文，2010.

［73］刘德胜. 利他主义浅析［EB/OL］. https：//wenku. baidu. com/view/6d750057011ca300a6c39083. html.

［74］刘海波. 教育产业化问题讨论综述［J］. 教育发展研究，1999（8）：62-64.

［75］刘丽丽. 个体学习和知识共享对团队结构及成员创新行为的影响研究［M］. 北京：中国经济出版社，2017.

［76］刘省权，项国雄，高国元. 教育领域的知识管理国内外现状与教育技术专业研究的新使命［J］. 电化教育研究，2004（6）：10-15+20.

［77］刘垠，王春.《中国科技成果转化年度报告（高等院校与科研院所篇）》发布——成果转化总体活跃 金额项数不断增长［N］. 科技日报，

2024-09-10（2）.

[78] 卢现祥 . 新制度经济学（第 2 版）［M］. 武汉：武汉大学出版社，
2011.

[79] 鲁洁 . 超越性的存在——兼析病态适应的教育［J］. 华东师范大学学报（教育科学版），2007（4）：8-13+31.

[80] 鲁洁 . 论教育之适应与超越［J］. 教育研究，1996（2）：3-6.

[81] 陆岸萍 . 产业集群与区域经济发展［J］. 广西经济管理干部学院公报，2003（4）.

[82] 罗伯特·阿克塞尔罗德 . 合作的复杂性［M］. 梁捷，高笑梅，等译 . 上海：上海人民出版社，2017.

[83] 罗杰·盖格 . 大学与市场的悖论［M］. 郭建如，等译 . 北京：北京大学出版社，2013.

[84] 罗纳德·哈里·科斯，等 . 财产权利与制度变迁：产权学派与新制度学派译文集［M］. 刘守英，等译 . 上海：格致出版社，上海人民出版社，2014.

[85] 罗必良 . 新制度经济学［M］. 太原：山西经济出版社，2005.

[86] 罗家德 . 自组织——市场与层级之外的第三种治理模式［J］. 比较管理，2010（2）：7-18.

[87] 罗志勇 . 知识共享机制研究［M］. 北京：北京图书馆出版社，2003.

[88] 洛克 . 政府论［M］. 刘晓根，译 . 北京：北京出版社，2007.

[89] 马克思 . 资本论（第 1 卷）［M］. 中共中央马克思恩格斯列宁斯大林著作编译局编译 . 北京：人民出版社，2004.

[90] 马克思恩格斯选集（第 1 卷）［M］. 中共中央马克思恩格斯列宁斯大林著作编译局，译 . 北京：人民出版社，1972.

[91] 马丁·诺瓦克、罗杰·海菲尔德 . 超级合作者［M］. 龙志勇，魏薇，译 . 杭州：浙江人民出版社，2013.

［92］马克·格兰诺维特. 社会与经济：信任、权力与制度［M］. 罗家德，王水雄，译. 北京：中信出版社，2019.

［93］马龙闪. 苏联计划经济走过的坎坷道路［J］. 探索与争鸣，2015（2）：87-93.

［94］马庆国. 管理统计——数据获取统计原理SPSS工具与应用研究［M］. 北京：科学出版社，2024.

［95］马迎贤. 组织间关系：资源依赖视角的研究综述［J］. 管理评论，2005（2）：57-64+66.

［96］曼瑟尔·奥尔森. 集体行动的逻辑［M］. 陈郁，郭宇峰，李崇新，译. 上海：上海三联书店，2004.

［97］毛亚庆. 知识管理与学校管理的创新［J］. 教育研究，2003（6）：56-61.

［98］茅于轼. 中国人的道德前景（第3版）［M］. 广州：暨南大学出版社，2008.

［99］孟丽菊，刘则渊. 联盟还是殖民：大学与企业关系的双重视角［J］. 高等教育研究，2006，27（3）：47-52.

［100］穆容平，赵兰香. 产学研合作中若干问题思考［J］. 科技管理研究，1998（2）：31-34.

［101］潘懋元，刘振天. 发挥大学中心作用促进知识经济发展［J］. 教育发展研究，1999（6）：28-33.

［102］潘懋元，王伟廉. 高等教育学（第3版）［M］. 福州：福建教育出版社，2010.

［103］彭莉君. 大学与科研机构科教融汇协同育人机制建构——基于资源依赖理论的视角［J］. 研究生教育研究，2024（4）：77-83.

［104］乔治·阿克洛夫. 柠檬市场：质量的不确定性和市场机制［J］. 经济导刊，2001（6）：8-15.

［105］仇保兴. 小企业集群研究［M］. 上海：复旦大学出版社，1999.

［106］让·雅克·拉丰．大卫·马赫蒂摩．激励理论（第一卷）［M］．陈志俊，李艳，单萍萍，译．北京：中国人民大学出版社，2002．

［107］弱水三千取此饮——简评马汀·奇达夫和蔡文彬力作《社会网络与组织》［J］．成功营销，2007（4）：121．

［108］沈其泰，黄敏萍，郑伯埙．团队共享心智模式与知识分享行为：成员性格特质与性格相似的调节结果［J］．管理学报，2004（21）．

［109］石艳．教师知识共享的混合研究［M］．北京：中国社会科学出版社，2020．

［110］史江涛．员工关系、沟通对其知识共享与知识整合作用的机制研究［D］．浙江大学博士学位论文，2007．

［111］斯蒂格利茨．信息经济学：基本原理（上）［M］．纪沫，陈工文，李飞跃，译．北京：中国金融出版社，2009．

［112］宋淇．我国政府信息资源共享法律制度研究［D］．重庆大学硕士学位论文，2015．

［113］苏东水，苏宗伟．产业经济学［M］．北京：高等教育出版社，2021．

［114］孙迎春．发达国家整体政府跨部门协同机制研究［M］．北京：国家行政学院出版社，2014．

［115］孙振东．"教劳结合"若干理论问题探讨［J］．上海教育科研，1996（6）：10－14+19．

［116］谭大鹏，霍国庆，王能元，等．知识转移及其相关概念辨析［J］．图书情报工作，2005（2）：13－16+149．

［117］谭玉红，吴岩．关于学校知识管理中的"知识地图"研究［J］．电化教育研究，2005（3）：17－19+26．

［118］田长霖．知识经济、高等教育与科学技术［J］．高等教育研究，2000（6）：1－4．

［119］万剑，赵烨烨．高校产学研合作的利益机制探析［J］．中国高等

教育，2011（12）：52-53.

[120] 王凤领．地方高校产教融合应用型人才培养研究［M］．北京：中国水利水电出版社，2020.

[121] 王洪才．论高等教育"适应论"及其超越——对高等教育"理性视角"的理性再审视［J］．北京大学教育评论，2013（4）：135-155.

[122] 王缉慈．创新的空间：企业集群与区域发展［M］．北京：北京大学出版社，2001.

[123] 王荣欣．从关系嵌入性走向制度分析的新经济社会学——评格兰诺维特新著《社会与经济：框架与原理》［J］．实证社会科学，2021（12）：147-165.

[124] 王烁．赫伯特·西蒙有限理性概念考察及其启示［J］．太原师范学院学报（社会科学版），2019（1）：81-84.

[125] 王覃刚．演化经济学中的社会合作的起源问题［J］．经济研究导论，2010（16）：9-13.

[126] 王言峰，杨忠．知识共享研究理论述评［J］．南京社会科学，2010（12）.

[127] 王永钊，程扬．基于资源依赖理论的高职院校产业学院高质量发展研究［J］．教育与职业，2022（18）：37-41.

[128] 威尔逊．社会生物学：新的综合［M］．阳河清，编译．成都：四川人民出版社，1985.

[129] 威廉姆森，温特编．企业的性质：起源、演变和发展［M］．邢源源，姚海鑫，译．北京：商务印书馆，2007.

[130] 魏江，Mark Boden．知识密集型服务业与创新［M］．北京：科学出版社，2004.

[131] 吴丙山，张卫国，罗军．实践社群中的知识管理研究［J］．西南大学学报（社会科学版），2012（1）：162-168+178.

[132] 吴迪．公务员知识共享行为的动机初探——基于社会认知理论

［J］. 人才资源开发，2012（8）：20-21.

［133］吴建设. 高职教育推行现代化学徒制亟待解决的五大难题［J］. 高等教育研究，2014（7）：45-49.

［134］吴康宁. 教育社会学［M］. 北京：人民教育出版社，1998.

［135］吴沙沙，顾建平. 权力距离、员工创新行为与主管——下属关系研究［J］. 企业经济，2015（8）：111-115.

［136］武海峰，牛勇平. 国内外产学研合作模式的比较研究［J］. 山东社会科学，2007（11）：110-112.

［137］希拉·斯劳特，莱斯利. 学术资本主义［M］. 梁骁，黎丽，译. 北京：北京大学出版社，2014.

［138］肖庆华. 论大学的社会批判品性［J］. 高等教育研究，2015（5）：12-16.

［139］熊彼特. 经济发展理论：创新是资本积累、个人致富之源［M］. 孔制等，编译. 北京：北京出版社，2008.

［140］亚当·斯密. 道德情操论［M］. 蒋自强，钦北愚，朱钟棣，等译. 北京：商务印书馆，2020.

［141］亚当·斯密. 国富论［M］. 郭大力，王亚南，译. 北京：商务印书馆，2023.

［142］杨春学. "社会主义经济核算争论"及其理论遗产［J］. 经济学动态，2010（9）：93-102.

［143］杨付，张丽华. 团队成员认知风格对创新行为的影响：团队心理安全感和工作单位结构的调节作用［J］. 南开管理评论，2012，15（5）：15-27.

［144］杨公朴，夏大慰. 现代产业经济学［M］. 上海：上海财经大学出版社，2005.

［145］杨晶照，杨东涛，孙倩景. 组织文化类型对员工创新行为的作用机理研究［J］. 科研管理，2012（33）：125-133+155.

［146］杨茜，王颖．知识联盟中知识转移影响因素研究——基于社会网络视角［J］．企业经济，2015（7）：113.

［147］野中郁次郎，竹内弘高．创造知识的企业：日美企业持续创新的动力［M］．李萌，高飞，译．北京：知识产权出版社，2006.

［148］野中郁次郎，竹内弘高．企业知识的创造［M］．吴庆海，译．北京：人民邮电出版社，2019.

［149］叶澜．教育概论［M］．北京：人民教育出版社，2006.

［150］叶伟巍．产学合作创新机理与政策研究——以浙江省为例［D］．浙江大学博士学位论文，2009.

［151］尤查·本科勒．合作的财富［M］．简学，译．杭州：浙江人民出版社，2018.

［152］尤金·巴达赫．跨部门合作——管理"巧匠"的理论与实践［M］．周志忍，张弦，译．北京：北京大学出版社，2011.

［153］于海波，方利洛，凌文辁．组织信任对员工态度和离职意向、组织财务绩效的影响［J］．心理学报，2007（39）：125-134.

［154］喻登科，周荣．知识网络视角的产业集群研究述评［J］．情报杂志，2015（12）：204-210.

［155］约翰·梅纳德·凯恩斯．就业、利息和货币通论［M］．宋韵声，译．北京：华夏出版社，2004.

［156］岳丹桂．教师知识共享影响因素研究［D］．东北师范大学硕士学位论文，2015.

［157］曾萍，邓腾智，曾雄波．IT基础、知识共享与组织创新——来自珠三角企业的经验证据［J］．科学学研究，2011（29）：98-110.

［158］展立新，陈学飞．理性的视角：走出高等教育"适应论"的历史误区［J］．北京大学教育评论，2013（1）：101-131+198.

［159］张斌贤．外国高等教育名著研读［M］．北京：高等教育出版社，2010.

[160] 张楚廷. 保守与超越：大学的一对孪生姐妹 [J]. 高等教育研究，2007（11）：20-23.

[161] 张康之. 社会治理的经络 [M]. 北京：社会科学文献出版社，2020.

[162] 张维迎. 市场的逻辑（增订版）[M]. 上海：上海人民出版社，2012.

[163] 张文勤，石金涛，刘云. 团队成员创新行为的两层影响因素：个人目标取向与团队创新气氛 [J]. 南开管理评论，2010（13）：24-32.

[164] 张学敏，叶忠. 教育经济学（第2版）[M]. 北京：高等教育出版社，2014.

[165] 张学文. 基于知识的产学合作创新：边界与路径研究 [D]. 浙江大学博士学位论文，2009.

[166] 张振刚，李云健，余传鹏. 员工的主动性人格与创新行为关系研究——心理安全感与知识分享能力的调节作用 [J]. 科学学与科学技术管理，2014，35（7）：173-182.

[167] 赵泉民. 集体主义文化与中国合作制经济的困境——基于中西方文化精神比较的视野 [J]. 人文杂志，2005（4）：58-63.

[168] 赵越. 我国政府知识管理体系构建的关键影响因素研究 [J]. 情报理论与实践，2011（11）：40-43.

[169] 中共科学技术部党组. 勇担时代重任 加快建设科技强国 [N]. 人民日报，2024-07-31（9）.

[170] 钟启泉. 关注教师实践知识的形成 [J]. 中国教育学刊，2018（8）：87-89.

[171] 周洪宇. 陶行知生活教育导读 [M]. 福州：福建教育出版社，2013.

[172] 周望. 中国"小组机制"研究 [M]. 天津：天津人民出版社，2010.

［173］左美云，许珂，陈禹．企业知识管理的内容框架研究［J］．中国人民大学学报，2003（5）：73-80．

［174］Alchian A，Demsetz H．Production，Information Cost，and Economic Organization［J］．American Economic Review，1972，62（5）．

［175］Amabile Teresa M．A Model of Creativity And Innovation In Organizations［J］．Research in Organizational Behavior，1988，10（10）．

［176］Amayah A T．"Determinants of Knowledge Sharing in a Public Sector Organization"［J］．Journal of Knowledge Management，2013，3（17）：454-471．

［177］Antonelli C．The Economics of Governance：The Role of Localized Knowledge in the Interdependence among Transaction，Coordination and Production［J］．Franco Momigliano，Bureau of Research in Innovation，Complexity and Knowledge，Collegio Carlo，2003（3）．

［178］Argote L．，Greve H R．A Behavioral Theory of the Firm—40 Years and Counting：Introduction and Impact［J］．Organization Science，2007，18（3）．

［179］Arthur W B．Increasing Returns and Path Dependence in the Economy［M］．Michigan：The University of Michigan Press，1994．

［180］Ayla C D，Isgoren N C．"University-Industry Cooperation in Terms of Textile-apparel Education"，Procedia-Social and Behavioral Sciences，2010，2（2）：3437-3441．

［181］Bartol K M，Srivastava A．Encouraging Knowledge Sharing：The Role of Organizational Reward System［J］．Journal of Leadership and Organizational Studies，2002，9（1）．

［182］Blau P M．Exchange and Power in Social Life［M］．New York：Wiley，1964．

［183］Blau P M．Social Mobility and Interpersonal Relations［J］．American

Sociological Review, 1956, 21 (3).

[184] Bock G, Zmud R, Kim Y. Behavioral Intention Formation in Knowledge Sharing: Examining the Roles of Extrinsic Motivations, Social-psychological Forces and Organizational Climate [J]. MIS Quarterly, 2005, 29 (1): 106-118.

[185] Bouncken R, Brem A, Kraus S. Multi-cultural Teams as Sources for Creativity and Innovation: The Role of Cultural Diversity on Team Performance [J]. International Journal of Innovation Management, 2015, 20 (1): 165.

[186] Bowles S, Gintis H. The Evolution of Strong Reciprocity: Cooperation in Heterogeneous Populations [J]. Theoretical Population Biology, 2004 (1): 17-28.

[187] Chang H T, Hsu H M, Liou J W, Tsai C T. Psychological Contracts and Innovative Behavior: A Moderted Path Analysis of Work Engagement and Lob Resources [J]. Journal of Applied Social Psychology, 2013, 43 (10).

[188] Chen C. Teachers as Change Agents: A Study of In-service Teachers Practical Knowledge [J]. Action in Teacher Education, 2005, 26 (4): 10-19.

[189] Chesbrough H. Open Innovation: The New Imperative for Creating and Profiting from Technology [M]. Boston: Harvard Business School Press, 2003.

[190] Davebport T H. Working Knowledge: How Organizations Manage What They Know [M]. Boston: Harvard Business School Press, 1998.

[191] David J Teece, Chesbrough H, Birkinshaw J, Teubal M. Introduction to the Research Policy 20th Anniversary Special Issue of the Publication of Profiting from Innovation [J]. Research Policy, 2006, 35 (8): 1091-1099.

[192] David P A. Clio and the Economics of QWERTY [J]. American Economic Review, 1985, 75 (2): 332-337.

[193] David S. On sympathy and games [J]. Journal of Economic Behavior and Organization, 2001, 44 (1): 1-30.

[194] De Quervain Dominique J F., Fischbacher U, Treyer V, Schellhammer M, Schnyder U, Buck A, Fehr E. The Neural Basis of Altruistic Punishment [J]. Science, 2004 (305): 1254-1258.

[195] Denti L, Sven H. Modelling the Link between Leader-member Exchange and Individual Innovation in R&D [J]. International Journal of Innovation Management, 2015 (3): 165.

[196] Devloo T, Anseel F, De Beuckelaer A, Salanova M. Keep the Fire Burning: Reciprocal Gains of Basic Need Satisfaction. Intrinsic Motivation and Innovative Work Behaviour [J]. European Journal of Work & Organizational Psychology, 2015, 24 (4).

[197] Dixon N M. Common Knowledge: How Companies Thrive on Sharing What They Know [M]. Massachusetts: Harvard University Press, 2000.

[198] Drucker P F. Post-Capitalist Society [M]. Boston: Harvard Business School Press, 1993.

[199] Eisenberg J. How Individualism-collectivism Moderatesthe Effects of Rewards on Creativity and Innovation: A ComparativeReview of Practices in Japan and the US [J]. Creativity & InnovationManagement, 1999, 8 (14): 251-261.

[200] Foray D. The Economics of Knowledge [M]. Cambridge: MIT Press,2004.

[201] Freeman E R. Srategie Management: A stakeholder Approach [M]. Boston: Pitman, 1984.

[202] Grandori A. Governance Structures, Coordination Mechanisms and Cognitive Models [J]. Journal of Management and Governance, 1997 (1): 29-47.

[203] Grant A M, James W B. The Necessity of Others is the Mother of Invention: Intrinsic and Prosocial Motivations, Perspectiv Taking, and Creativity [J]. Academy of Management Journal, 2011, 54 (1): 73-96.

[204] Grant R M. Toward a Knowledge-based Theory of the Firm [J]. Strategic Management Journal, 2014, 17 (S2): 109-122.

[205] Guest D, Peccei R. The Partnership Company: Bench ask for the Future [M]. London: Involvement and Participation Association, 1998.

[206] Hayek F A. The Use of Knowledge in Society [J]. American Economic Review, 1945, 35 (4).

[207] Helmstadter E. The Economics of Knowledge Sharing: A New Institutional Approach [M]. Chelterham: Edward Elgar Publishing, 2003.

[208] Hendriks P. Why Share Knowledge? The Influence of ICT on Motivation for Knowledge Sharing [J]. Knowledge and Process Management, 1999, 6 (2): 91-100.

[209] Hidding G J, Catterall S M. Anatomy of a Learning Organization: Turing Knowledge into Capital at Anderson [J]. Knowledge and Process Management, 1998.

[210] Hipp V, Eric A. Cooperation between Rivals: Informal Know-how Trading [J]. Journal of Research Policy, 1987, 16 (6): 291-302.

[211] Homans G C. Social Behavior as Exchange [J]. American Journal of Sociology, 1958, 63 (6).

[212] Homans G C. Social Behavior: Its Elementary Forms [M]. New York: Harcourt Brace and World, 1961.

[213] Hooff B V D, Ridder J A D. Knowledge Sharing in Context: The Influence of Organizational Commitment, Communication Climate and CMC Use on Knowledge Sharing [J]. Journal of Knowledge Management, 2004, 8 (6): 117-130.

[214] Jarrahi M H, Sawer S. Theorizing on the Take-up of Social Technologies, Organizational Policies and Norms, and Consultants' Knowledge-Sharing Practices [J]. Journal of Association for Information Science and Technology, 2014, 66 (1): 162-179.

[215] Jarvenpaa S L, Staples D S. The Use of Collaborative Electronic Media for Information Sharing: An Exploratory Study of Determinants [J]. The Journal of Strategic Inforamation Systems, 2000, 9 (2): 129-154.

[216] Jones P, Lucas K. Integrating Transport into 'Joined-up' Policy Appraisal [J]. Transport Policy, 2000, 7 (3): 185-193.

[217] Julian C & Tjempaka S H. Sharing Knowledge: A Guide to Effective Science Communication [M]. Collingwood: CSIRO Press, 2000.

[218] Kim S H, Lee H S. The Impact of Organizational Context and Information Technology on Employee Knowledge-Sharing Capabilities [J]. Public Administration Review, 2006, 66 (3): 370-385.

[219] Kim T Y, Hon A, Crant J. Proactive PersonalityEmployee Creativity, and Newcomer Outcomes: A Longitudinal Study [J]. Journal of Business & Psychology, 2009, 24 (1): 93-103.

[220] Kleysen R F. Toward a Multi-dimensional Measure on Individual Innovative Behavior [J]. Journal of Intellectual Capital, 2001, 2 (3): 284-296.

[221] Kogut B, Zander U. Knowledge of the Firm, Combinative Caperbilities, and the Replication of Technology [J]. Organization Science, 1992, 3 (8).

[222] Konnelly C E, Kelloway E K. Predictors of Employee Perceptions of Knowledge Sharing Cultures [J]. Leadership and Organization Development Journal, 2003, 24 (5): 294-301.

[223] Lin H Fen. Knowledge Sharing and Firm Innovation Capability: An Empirical Study [J]. International Journal of Manpower, 2007, 28 (3):

143-772.

[224] Lin H F. Effects of Extrinsic and Intrinsic Motivation on Employee Knowledge Sharing Intentions [J]. Journal of Information Science, 2007, 33 (2): 135-149.

[225] Majchrzak A, Lynne P, Cooper O E. Knowledge Reuse for Innovation [J]. Management Science, 2004, 50 (2): 133-174.

[226] Makusen A. Trade as a Regional Development Issue: "Policies for Job and Community Preservation" [M]// Trading Industries, Trading Regions. London: Guilford Press, 1993.

[227] March J G, Olson J P. Organizing Political Life: What Administrative Reorganization Tells Us about Government [J]. American Political Science Review, 1983, 77 (2): 281-296.

[228] Miron-Spektor E, Miriam E, Eitan N. The Effect of Conformist and Attentive-to-detail Members on Team Innovation: Reconciling the Innovation Paradox [J]. Academy of Management Jounal, 2011, 54 (4): 1-43.

[229] Musen A M. Dimensions of Knowledge Sharing and Reuse [J]. Computers and Bio-medical Research, 1992, 25 (5): 436-467.

[230] Neergaard H, Uihoi J P. Government Agency and Trust in the Formation and Transformation of Inter-organizational Enterpreneurial Networks [J]. Entrepreneurship Theory and Practice, 2006, 30 (4): 157-172.

[231] Nelson R R, Winter S G. An Evolutionary Theory of Economic Change [M]. Cambridge: The Belknap Press of Harvard University Press, 1982.

[232] Niklas L. Social Systems [M]. California: Stanford University Press, 1996.

[233] Nonaka I, Iirotaka T. The Knowledge-creating Company: How Japanese Companies Create the Dynamics of lnnovation [M]. New York: Oxford University Press, 1995.

[234] Nonaka I, Takeuchi H. The Knowledge Creating Company: How Japanese Companies Create the Dynamics of Innovation [M]. London: Oxford University Press, 1995.

[235] Nonaka I. A Dynamic Theory of Organizational Knowledge Creation [J]. Organization Science, 1994, 5 (1): 1-118.

[236] OECD. Knowledge - based Economy [M]. Paris: OECD Publications, 1996.

[237] Pai J. An Empirical Study of the Relationship Between Knowledge Sharing and IS/IT Strategic Planning (ISSP) [J]. Management Decision, 2012, 44 (1): 105-122.

[238] Pee L G, Kankanhalli A. Interactions Among Factors Influencing Knowledge Management in Public Sector Organizations: A Resource Based Review [J]. Government Information Quarterly, 2016, 33 (1): 188-199.

[239] Pfeffer J, Robert I S. The Knowing-doing Gap: How Smart Companies Turn Knowledge into Action [M]. Massachusetts: Harvard Business Press, 2013.

[240] Quinn P, Anderson J B, Frinkelstein S. Managing Professional Intellect: Making the Most of the Best [J]. Harvard Business Review, 2004, 74 (2).

[241] Remler D K, Van Ryzin G G. Research Methods in Practice: Strategies for Description and Causation [M]. Thousand Oaks, CA: Stage, 2015.

[242] Riege A. Three - dozen Knowledge - Sharing Barriers Managers Must Consider [J]. Journal of Knowledge Management, 2005, 9 (3): 18-35.

[243] Romer P M. The Origins of Endogenous Growth [J]. Journal of Economic Perspectives, 1994, 31 (6): 805-816.

[244] Roscow J, Casner-Lotto J. People Partnership and Profits, the New Labour-Management Agenda [M]. New York: Work in America Institute, 1998.

[245] Rousseau D M. Not so Different After All: A Cross-discipline View of Trust [J]. Academy of Management Review, 1998, 40 (3): 393-404.

[246] Rutten W, Blaas-Franken J, Martin H. The Impact of (Low) Trust on Knowledge Sharing [J]. Journal of Knowledge Management, 2016, 20 (2): 1367.

[247] Scott S G, Reginald A B. Determinants of innoyative Behavior: A Path Model of Individual Innovation in the Wokplace [J]. Academy of Management Journal, 1994, 37 (3): 580-607.

[248] Senge P M. Sharing Knowledge [J]. Executive Excellence, 1997, 14 (11).

[249] Szulanski G. Exploring Internal Stickiness: Impediments to the Transfer of Best Practice Within the Firm [J]. Strategic Management Journal, 1996 (17).

[250] Teece D J. Research Directions for Knowledge Management [J]. California Management Review, 1998, 40 (3): 289.

[251] Thomas W H, Daniel C, Feldman S S, Lam K. Psychological Contract Breaches, Organizational Commitment, and Innovation-Related Behaviors: A Latent Growth Modeling Approach [J]. Journal of Applied Psychology, 2010, 95 (4): 744-751.

[252] Thomas W H, Lorenzo L. Within-individual Increases in Innovative Behavior and Creative, Persuasion, and Change Selfefficacy Over Time: A Social-cognitive Theory Perspective [J]. Journal of Applied Psychology, 2016, 101 (1).

[253] Thompson J D. Organizations in Action: Social Science Bases of Administrative Theory [M]. New York: Transaction Publishers, 1967.

[254] Toffler A. The Thied Wave [M]. New York: Bantam Books, 1980.

[255] Tsai W, Ghoshal S. Social Capital and Value Creation: The Role of

Intrafirm Networks [J]. Academy of Management Journal, 1998, 41 (4): 464-476.

[256] Tsai W. Social Structure of "Coopetition" Within a Multiunit Organization: Coordination, Competition, and Intraorganizational Knowledge Sharing [J]. Organization Science, 2002, 13 (2): 109-222.

[257] Walter W P. Neither Market nor Hierarchy: Network Forms of Organization [J]. Research in Organizational Behavior, 1990 (12): 295-336.

[258] Wang H K, Tseng J F. How do Institutional Norms and Trust Influence Knowledge Sharing? An Institutional Theory [J]. Innvation, 2014, 16 (3): 374-391.

[259] White R S. Working Knowledge: How Organizations Manage What They Know [J]. Journal of Technology Transfer, 2001, 26 (4): 282-287.

[260] Wijnhoven F. Knowledge Logistic in Business Contexts: Analyzing and Diagnosing Knowledge Sharing by Logistics Concpts [J]. Knowledge and Process Management, 1998 (5).

[261] Willem A, Buelens M, Scarbrough H. The Role of Inter-unit Coordination Mechanisms in Knowledge Sharing: A Case Study of a British MNC [J]. Journal of Information Science, 2006, 32 (6): 539-561.

[262] Willem A, Buelens M. Knowledge Sharing in Inter-unit Cooperative Episodes: The Impact of Organizational Structure Dimensions [J]. International Journal of Information Management, 2009, 29 (2): 151-160.

[263] Willem A, Buelens M. Knowledge Sharing in Public Sector Organizations: The Effect of Organizational Characteristics on Interdepartmental Knowledge Sharing [J]. Journal of Public Administration Research and Theory, 2007, 17 (4): 581-606.

[264] Woerdman E, The Institutional Economics of Market-based Climate Policy [M]. Amsterdam, Boston: Elsevier, 2004.

［265］Yan Y F, Tseng J F, Wang H K. Exploring the Mediating Role of Trust on the Relationship between Guanxi and Knowledge Sharing： A Social Network Perspective ［J］. Asia Pacific Journal of Human Resources, 2014, 52 (2)：385-404.

［266］Yang T M, Wu Y J. Exploring the Determinants of Cross-boundary Information Sharing in the Public Sector： An E-Government Case Study in Taiwan ［J］. Journal of Information Science, 2014, 40 (5)：649-668.

［267］Yeh Y C, Yeh Y L, Chen Y H. From Knowledge Sharing to Knowledge Creation： A Blended Knowledge-management Model for Improving University Students' Creativity ［J］. Thinking Skill & Creativity, 2012, 7 (3)：245-257.

［268］Yuan F R, Richard W W. Innovative Behavior in the Workplace： The Role of Performanee and Image Outcome Expeetations ［J］. Academy of Management Journal, 2010, 53 (2)：323.

［269］Zhou J, Jennifer M G. When Job Dissatisfaction Leads to Creativity： Encouraging the Expression of Voice ［J］. Academy of Management Journal, 2001, 44 (4)：682-696.

［270］Zhou Y Y Zhang Y Y, Montoro-Sánehez N. Utilitarianism or Romanticism： The Effect of Rewards on Employees Innovative Behaviour ［J］. International Journal of Manpower, 2011, 32 (1)：81-98.